野村克也

野村の見立て

わたしが見抜いた意外な長所・短所

東邦出版

はじめに

毎シーズン、１００人を超える新人たちが、プロの門をたたいてくる。２０１１年は、日本ハムの斎藤佑樹をはじめとする新星たちが、70年を超える日本プロ野球の歴史に、新たな名を刻むシーズンである。

『理想を持つだけではいけない。理想への道筋というものを、自分なりに見つけることが肝心だ』

ニーチェは書いている。

この言葉は、まさに「野村の考え」を言い当てているな、と初めて見つけたときに驚いたものだった。

５００本ホームランを打ちたい。２００勝したい。1億円プレーヤーになりたい。ところが、その夢や希望にたどり着くための道筋が、思うように見つからない。ここには、われわれプロの先輩たちの責任があるように思う。野球で成功するための方法論は、あまりにも少ないからだ。

「オレはこうやってきた」と自らの経験ばかり押しつけ、後進の育成を怠ってこなかったか。それは「自分だけは特別だった」と考えていることと同じで、少しも普遍性がない。普遍性がなければ、セオリー、原理原則として、野球界に受け継がれていかない。

私自身は、「特別な選手」などではまったくなかった。私は1954年、テストを受けて南海に入団した。入団テストでいちばん不安だったのが、遠投力のテストである。90メートル以上投げないと不合格。2投できるのだが1投目は不合格だった。その時、テストの手伝いをしていたひとつ上の先輩が「前から投げてみろ」と声をかけてくれたおかげで難関を突破できた。苦労して入団できたが、今度は1年でクビ宣告された。納得できなかった私は思いきっていってみた。「故郷に帰れない。もしクビにされたなら南海電車に飛び込みます！」と……。その甲斐あって、もう1年のチャンスをくれた幹部……。そうして野球人生というレールから転げ落ちそうになったとき、節目で支えてくれる人たちがいた。

彼らのおかげで、私がある。他人が驚くような猛練習をしたわけではない。当たり前のことを当たり前にやっただけだ。野球エリートでもない私は、コツコツ素振りをし、砂を詰めたビール瓶で握力と腕をきたえ、そして技術力の限界を感じたあとは頭を使った。けがをしても、できる限り試合に出てポジションは譲らなかった。

技術力の勝負では、絶対に勝てない、と感じ壁にぶつかったとき「どうしたら安定して打てるのか」「投手をリードして勝たせられるのか」を一心不乱に考えた。テッド・ウィリアムズ（大リーグの強打者）の『打撃論』を読んで投手が投球時に見せるクセがあることを知り、また私を打ち取るときに捕手の配球に傾向があることに気づいた。「データ」なんて言葉も聞いたことのない時代、スコアラーの尾張久次さんに頼んで、毎日スコアブックを借りて帰り、配球データを作り打撃に活かした。こうして27年間の現役生活を全うできた。

野村野球とは、とよく聞かれる。

私の指導を受けた選手たちは「プロセス重視の野球」「準備重視の野球」と答える。ニーチェのいう「理想への道筋」を不器用なまでに追い求めることである。打つための道筋、勝つための道筋を考え抜いて、瞬間、瞬間のプレーを選択する。このくり返しである。

野球選手の体力、技術は年を追うごとに向上してゆく。一方で、時代は変化しても、変わらないのが野球のセオリーである。両者が組み合わさることで、野球が進化する。

「理想への道筋」は、見えないトンネルの向こうにあるのではなく、空の彼方にあるわけでもない。自分の足元から、ただひたすらに伸びてゆく道である。「なぜ打てなかったのか」、「なぜ勝てなかったのか」。原因と根拠を突き詰めながら、己を知り、敵を知り、一歩、また一歩と進んでゆくのだ。

私は本書で、多くの選手が成功するための「道筋」、困難な経済状況下にあって12球団が生き残るための「道筋」を提示しようと考えた。57年間、プロ野球に関わってきている者として、斎藤佑樹の、巨人の、楽天の、プロ野球の近未来を見通してみた。そこに私なりの「理想」があるし、読者にはその「理想」を汲み取っていただければ幸いである。

『命があるところには、希望がある。勇気があるところには、希望がある』

東日本大震災の甚大な被害を目にして、また被災者のみなさんの悲しみ苦しみにふれ、言葉を失っていたとき、私は古代ローマの哲学者が残したという言葉を思い出した。2006年から4シーズン、楽天監督だった私に声援を送ってくださったファンのみなさんも、まだ困難のなかにある。心からお見舞いを申し上げたい。

震災から3カ月が経とうとしているいま、少しずつだが笑顔も増えてきた。プロ野球も、仙台に帰ってきた。選手たちは、命がつながれている喜び、野球ができる喜びを感じているし、実際に「希望を届けたい」と口にしている。立派なことだ。

だからこそ、あえていいたい。「理想を持つだけではいけない」と。「夢や希望を語るだけでなく、プロとして『理想への道筋』を見つけ、その道を歩け」と。プロ野球を愛する人たちは本塁打や奪三振、勝敗の向こう側にある、選手が歩んできた道を、これから進む道を見ている。

プロ野球が観ている者に訴える共感、勇気、希望といったものは、「道筋」の中にこそあるのだ。

それでは、見立てをはじめよう。

２０１１年５月吉日　野村克也

目次

構　成　加藤俊一郎（サンケイスポーツ）
装　丁　中田薫（ＥＸＩＴ）
カバー写真　首藤幹夫
協　力　加治佐おいどん、杉山幸紀夫
制　作　シーロック出版社

Chapter 1

ルーキーの見立て

〜斎藤佑樹がプロで成功するために必要なもの

ハイレベルの世代であっても、弱点を補わなければ翌年の居場所はない

2011年のプロ野球は、新人大豊作の年になった。早大・斎藤佑樹を筆頭にした「ハンカチ世代」で、同じく早大の大石達也、福井優也、中大の澤村拓一をはじめ、大学生、社会人出身の即戦力投手が開幕から大活躍をはじめた。4月12日の開幕から5月までの、わずか1カ月半のあいだに、日本ハム・斎藤からはじまって、巨人・澤村、広島・福井優也、同・岩見優輝、阪神・榎田大樹、ヤクルト・久古健太郎、横浜・大原慎司、楽天・塩見貴洋、同・美馬学、西武・牧田和久、と10人もの投手が白星を挙げた。

過去にも1967年度生まれのＫＫ（桑田真澄・清原和博）世代、1980年度生まれの松坂大輔世代など、同学年どうし切磋琢磨しあってプロ野球を盛り上げた例はあった。またドラフト同期に逸材が集まる年もあった。たとえば1990年は近鉄・野茂英雄を筆頭に西武・潮崎哲也、ロッテ・小宮山悟、中日・与田剛、広島・佐々岡真司、ヤクルト・西村龍次、横浜・佐々木主浩らが1年目から勝ち星を挙げて、主力投手として活躍した。

プロ野球の大きな魅力のひとつに、「ライバル物語」がある以上、今後は2011年ドラフト世代が多くのドラマを紡いでいくことだろう。そのドラマがファンを飽きさせない、

高度な勝負になってほしいと願う。

そのためには新人選手たちが、自分の長所を伸ばし、欠点を補う努力を続けることが第一である。己を知る、なによりも自分の欠点、弱点を知っておくことが重要だ。ただし人間は弱いから、欠点や弱点に見て見ぬふりをしてしまいがちだ。だから第三者の評価が必要になる。人間は他人の評価で生きている。プロ野球選手の次年度の年俸を決めるのも、他者の評価である。

私の評価は厳しいものかもしれない。だが他球団のライバルたちは、必ず弱点、欠点を突いてくる。自分が他人にどう見られ、どこが弱点なのか、それを理解している者だけが、ひと握りしか立つことができないトップの座を占めるということを、知っていてほしい。

苦戦必至の斎藤佑樹に必要なのは「よき女房役」――北海道日本ハム

キャンプの取材で、斎藤佑樹と話をした私の印象は「投手らしくない性格をしているな」だった。投手といえば、私が関わった江夏豊、江本孟紀に代表されるように、お山の大将で、「オレがオレが」の性格が常。だが斎藤にはそれがない。早実、早大と歴史と伝統ある学校でエリート教育を受けてきたからか、周囲への気遣いや思いやりに満ちているのだ。

その性格は、そのままピッチングに表れている。キャンプでは「直球にこだわりたい」「本格派投手になりたい」と話していたが、その直球を4月17日のデビュー戦でロッテ・井口資仁に痛打されると一転、変化球主体に転じる。この試合では左打者に多く安打を打たれたが、すると24日の楽天戦では左打者にほとんど直球を投げずに、変化球ばかりで凡打の山を築いた。この試合で投げた直球は全体の25％に満たない。臨機応変といえなくもないが、このスタイルでは、投手としての将来性は「ない」に等しい。

こうした投手の場合、たとえば桑田真澄のようにすぐれたコントロールを持つ、あるいは同僚・武田勝のシンカーなど絶対的な軸になる変化球を持つ、という特徴があればプロで十分通用する。ところが斎藤の場合には、フォーク、スライダーを低めに投げようという意識だけで、肝心要の「原点能力」に欠ける。「原点能力」とは、投球の原点ともいえる「外角低めの直球」でいつでもストライクがとれる能力である。この球は打たれても凡打になる可能性が高く、間違っても本塁打にはならない。

つまり「秀でたものがない」「特徴がない」。それでもデビューからポンポンと勝てたのは、相手打者が「大したことのない投手だな」となめてかかり、対策を取らなかったからだ。球種で待つ、内外角のコースを絞る、低めの変化球に手を出さない、打ち返す方向を決める、といった対策が取られていなかった。それは各打者が「そんなことをしなくても打てる」と甘く見たからだ。秀でたものがないから勝てたともいえる。

また、斎藤自身の投手らしくない性格もいい方向に作用した。「勝たなければならない」と、周囲の期待に応えようとしてうまくいったのだ。ただ、気配りの性格から、場当たり的に危機回避を続けている現状のままでは、その日その日で対処せざるをえず、投手中心のピッチングができない。まるで「神頼み」である。

私が「神の子」と呼んだ田中将大は、スライダーのキレがプロ入り時点ですでに一級品で、直球の球威も150キロ近くあった。あとは原点能力と直球のキレを磨けばいいと願い、マー君自身もそれをわかっていた。だから自分の持ち味を発揮しているうちに、自然と勝ち星が転がりこんできた。

斎藤の、自らをコントロールする能力はすばらしいが、今後の伸びしろは残念ながら乏しい。投球テンポはいい。低めゴロゾーンへの変化球を投げる技術はある。ならばテンポよく、外角低め原点への直球を投げ込む力をつけるべきだ。つまり「初球、外角低め直球でポンとワンストライク」を奪う制球力を磨くこと。それによって常に、投手有利のカウントを作っていける。

さらに重要なのは、捕手の存在である。「斎藤のような投手は捕手によって活きる」というのが、私の信念でもある。南海で私と二人三脚で左打者の内角へのカットボール（小さなスライダー）を編み出して、最後の30勝投手になった皆川睦雄のような軟投派の投手が思い浮かぶ。その意味では、日本ハムに確固たる正捕手が成長することが、斎藤のこの先10年の運命を左右するはずである。

澤村拓一の直球は文句なしに新人王レベル――読売

澤村拓一は、近い将来、巨人のエースとして十分にチームを引っ張っていけるだろう。

私は監督時代から、新人投手を迎えるときには、多くを望まなかった。「プロとして通用するには、ひとつ以上の秀でたものを持っていればいい」というのが信念だった。一方で「投手の球速、打者の飛距離、足の速さは天性のもの」とも考えていた。この3つについて、秀でた選手がいるのならば、欠点には多少目をつぶってでも獲得すべきだ、と編成、スカウトに進言してきていた。

澤村は天性のうち、文句なしの「球速」を持っている。プロ初勝利となった4月21日の阪神戦（甲子園）をネット裏で観戦したが、阪神打線の新井貴浩、金本知憲らホームランバッターが、澤村の直球を狙ったにもかかわらず、まともに打ち返せなかった。「特徴がないのが特徴」だった斎藤佑樹に比べて、明確な長所を持っているのである。

澤村の巨人入団を後押しするために、ドラフト前には周囲が「他球団に指名されたらメジャーへ行く」との情報を流したという。中日・落合博満監督とキャンプで話したときに、彼も「ドラフト資料の映像で見たかぎり、今年の新人の中では、澤村がずば抜けていますよ。正直いって巨人に一本釣りされるのは面白くなかったですがね」と話していた。

かつては裏金がまかり通っていたドラフトだが、現在では厳禁とされて、違反に対する制裁も明確に定められている。そんな状況で巨人が一本釣りできたことが疑問ではあるが、澤村はストレートが速いだけとの評価で、直球に加えて鋭いフォークを持ち、ストッパー適性が高い早大・大石達也に6球団が競合したのだろう。だが、先に書いたように、私は「球速は天性」だと考えるから、巨人の獲得は大成功だったろう。

だから私は、オープン戦で伸びのある直球を見たときに、「今年のセ・リーグの新人王は決まりやな」とつぶやいたのだが、澤村は、初勝利から1カ月以上も勝てず、足踏みしてしまっている。それはなぜか。

まず、投手の生命線ともいえる外角低め直球（右投手なら右打者への、左投手なら左打者への外角低め）の制球力、私が名づけたところの「原点能力」に欠けていること。原点だけでなく、内角高めへの制球力もいまひとつで、直球を投げると「逆球」が多いのが気になる。同じ巨人で、大卒1年目から20勝を挙げた上原浩治は、フォークの完成度以上に、内角高め、外角低めへの制球力がずば抜けていた。この点で澤村は、上原にはるかに及ばない。

また、澤村の変化球は未完成である。フォークの落ちが小さい。本人は縦のスライダーと呼んでいる120キロ台半ばの「小さなカーブ」が、直球待ちのバッターには有効だが、西武・岸孝之のカーブのように大きく縦に曲がるものには及ばない。また、スライダーも楽天・田中将大ほどに切れ味鋭いものではない。現状ではまだ、ウイニングショットと呼べるものがない。

高めの直球で空振りは奪えるが、低めにも伸びのある球が投げられる日本ハム・ダルビッシュ有やマー君ほどではない。結局、ファウルで粘られて、必要以上に球数がかかってしまうのだ。これでは完投は望めないし、その分だけ白星の確率も下がってしまう。

また、高校時代から負けられない試合を戦ってきた斎藤や田中とは違って、澤村がトップレベルでキャリアを積んだのは大学時代だけ。クイックモーションは標準以上のレベルだが、走者を背負った場面で突然、集中力を欠いてしまうこともある。これは経験の浅さからくるものだ。たとえば田中は目で走者を制することができるレベルまで向上している。

だが、勝ち星が思うように積み重ならないからといって、澤村の「天性」の豊かさは変わらない。原点能力と内角直球の精度、さらに変化球のキレを高めることが、今秋キャンプから2年目へむけた課題である。

「ザ・即戦力」の榎田大樹は先発の資質も十分――阪神

榎田大樹は、さすが社会人経由という即戦力だ。左腕ということもあり、中継ぎ、先発、と使い勝手がよさそうだ。阪神もようやくこういう新人補強ができるようになったのだな、と感じる。

私が監督を務めた1999年から2001年までのドラフト1位は1999年＝藤川球児、2000年＝的場寛壱、2001年＝藤田太陽だった。万年最下位脱出のために「即戦力投手を」と要望していた。

藤川球児は高卒当時、もやしのような細身で即戦力というにはほど遠く、実際にリリーフとして頭角を現したのは、身体ができあがった2005年のシーズンから。唯一の即戦力投手だった藤田にいたっては、故障持ちで入団していて、キャンプで投球したのはわずか一度にすぎなかった。

当時の久万《くま》俊二郎オーナーに、「プロ球団の心臓部は編成部ですよ」と何度も苦言を呈させていただいたが、大型補強をねだるのが得意な後任の星野仙一監督になってようやく編成の重要性に気づいた。その結果、能見篤史、岩田稔ら生え抜き投手が育ってきた。

西武が指名した大石の外れ1位とはいえ、榎田もドラフト重視の流れの中で獲得できた選手といえる。社会人出身らしく、球種、制球力とも完成度が高い。現時点では、左の先発陣が豊富なために中継ぎ起用されているが、いずれは先発で見てみたい。

大石達也の潜在能力は認めるが、カーブにこだわるのはナンセンス――埼玉西武

2010年春の早慶戦を見て、斎藤佑樹よりも目についたのが大石達也の角度のある150キロ超の速球とフォークボールだった。斎藤、澤村拓一の項で触れたような「秀でたもの」をふたつ持っている点を、私は高く評価していた。

ところが、オープン戦では直球は140キロ前後しか出ず、なんとか開幕1軍入りを果たしたものの、1試合も投げられずに右肩痛で出遅れてしまった。

ひとつ不満だったのは、プロ入りと同時に先発転向を指示された大石が、カーブ習得に熱を入れすぎたことだ。なぜ今の新人たちは自らの長所をアピールすることに徹しようとしないのだろう。新人なのだから、自身の自慢の直球、フォークがプロで通用するのかを試すべきだった。

私は新人に対して、いきなりキャンプでフォーム改造や新球種の習得などを求めたりしない。「お前にはデビュー戦からいきなり先発で投げてもらうつもりだから、200球投げてもバテない下半身を作っておけよ」程度のアドバイス、指示しかしないだろう。

現実を直視して、目標を立てることは悪いことではない。しかし大石はカーブ、斎藤は

直球にこだわりすぎているようにみえる。まず自らの能力が、プロでどれだけ通用するのかを試し、それと並行して新たな球種をキャッチボールから練習してゆくことも可能だろう。プロでまだ1球も投げる前から、自らを「限定」してはいけない。

大石の出遅れに対して、ルーキーながら開幕ローテーション入りを果たしたのが、アンダースローの牧田和久だった。岸孝之らの出遅れがあったとはいえ、西武の分厚い先発投手陣に割って入ったのは大したものだ。同じアンダースローでもロッテ・渡辺俊介とはタイプが異なり、直球系が多い。内外角に散らし、さらにクイックで投げたりと、経験と度胸がなければなかなかできない投球術を持っているようだ。

社会人から上がってくるトップレベルの投手は、トーナメントで生き残るための「負けない技術」を備えているものだ。走者なしでクイックで投げるなんて、と楽天・山﨑武司が怒っていたようだが、私からみればその投球術自体「無形の力」のひとつである。

社会人出身ゆえに「プロ野球選手になれただけで満足するわけにはいかない」と考えているはずである。覚悟に勝る決断なし。これでメシを食っていくんだ、という覚悟が創意工夫となって表れているのだろう。

不可解な高卒新人外野手の開幕起用――オリックス

岡田彰布監督は、ドラフト1位の高卒外野手、駿太を開幕スタメンに抜擢した。マイナー球団ゆえの話題づくりでもあったろう。だが高校でも大舞台の実績に乏しい新人をいきなりスタメン抜擢したことには疑問を感じざるをえない。

足が速く、強肩、守備なら1軍クラス、という。たしかに捕手、二遊間の守備の要所であるセンターラインなら、昔からよく言われた「自衛隊」（守るだけ）の起用もありうる。ヤクルトで私が宮本慎也を「8番ショート」を与えて育てたのが、それだ。

しかし駿太は外野手で、たとえ9番打者だとしても、ある程度「打撃優先」で起用しなければならない。まして高卒のバッターである。いきなりプロで通用する高卒打者は、ほぼ共通して「変化球打ち」「緩い球打ち」の能力が高い。立浪和義、巨人・坂本勇人らがそうだった。プロの変化球に腰を引かず、食らいついていけなければならないのだが、駿太はこの点も未熟だった。

私は偶然、4月12日の開幕ソフトバンク戦をテレビ解説で観戦したが、ソフトバンクの開幕投手・和田毅に完全に遊ばれていた。大事な開幕戦で、この起用は戦術として愚の骨頂だし、起用された駿太にも気の毒だった。

ヤクルト監督だった1997年、岩村明憲が宇和島東高から入団してきた。打撃センスは買っていたが、1年目は2軍で体力強化と実戦経験を積ませ、2年目の1998年は1軍に時々昇格させて若松勉打撃コーチに預けた。岩村は若松の下で、打撃の基本を習得し、若松が後任監督となった1999年から、晩年にさしかかっていた池山隆寛の後継三塁手として頭角を現した。

投手なら、例えば150キロの快速球があれば、楽天・田中将大のように1年目からチャンスを与えてもいい。しかし野手の場合には、越えるべきハードルが多すぎる。期待が高ければ高いほど、ビジョンを明確にして、1年目は技術面はここまで、体力面はここまで、と計画立てて育ててゆくべきだ。

先発左腕不足までに大野雄大が台頭できるか――中日

前述のように、落合博満監督は「素材だけで判断するなら、今年の新人では澤村拓一が一番」と私に打ち明けた。だが、ドラフトではあえて巨人にケンカを売ることはせず、1位では佛教大の大野雄大を単独指名した。故障で直前の秋季リーグ戦では登板しなかったにもかかわらず高評価を与えた。

落合監督は「ウチの投手事情を考えれば、将来左の先発不足になるのは間違いない」とチェンの大リーグ希望、山本昌の高齢を例に挙げて説明した。その上で「でも今年、来年あたりまでは、時間的余裕があるのも確かなので、大野がたとえ今年1軍で投げられなくても、将来性を買うことができる」と自信ありげに語っていた。将来を見据えての決断であり、答えが出るのはまだ先になろう。

ただし、大野だけでなく、中日の新人、若手に共通する課題は、現状の分厚い主力選手群に割って入るだけの努力を重ねられるかどうかという点にある。

たとえば2010年、井端弘和が目の不調で長期離脱して、4年目の堂上直倫が82試合も出場機会を得た。井端が復帰し、ポジション争いの真っ向勝負となるはずだった翌2011年、しかし堂上はキャンプで右鎖骨を骨折、井端は順調に調整を進め、せっかくの世代交代のチャンスも堂上の不戦敗に終わってしまいつつある。

主力選手の高齢化は今後ますます進む。落合監督自らが動き、中期的なビジョンで新人獲得を進めているのだから、肝心の選手たちが期待に応えるべく努力をしなければならない。大野以下の新人たちは肝に銘じるべきだろう。

細川亨が衰える前に山下斐紹のひとり立ちを ――福岡ソフトバンク

投手王国を築いてきたソフトバンクは、一方で正捕手不在が慢性化していた。今季はFAで西武から細川亨を獲得して、短中期的にその懸念を払拭したようにみえる。

その間に今季のドラフト1位、山下斐紹を正捕手候補にまで育てられるかどうかだ。高卒捕手は、順調に成長すれば長期間チームの屋台骨を任せられる。私もそうだったが、森昌彦(祇晶)や伊東勤、中日・谷繁元信しかりである。

だが高卒で大成した捕手には共通点があって、最低でも3年ほどで1軍に定着し、5年以内に正捕手として活躍を始めている。私は3年目から1軍に定着し、4年目に本塁打王を獲得できた。森も5年目には藤尾茂さんを外野に追いやっている。伊東は2年目から日本シリーズでマスクをかぶり、3年目に正捕手に座った。

山下にどれだけの技量があるかはわからないが、ソフトバンクが正捕手育成にこだわるのであれば、能力相当と判断した時点で1軍に上げるべきだ。鉄は熱いうちに打てというが、細川という手本がいて、杉内俊哉、和田毅らプロ野球を代表する一流投手がいるうちに、配球や投手心理について実地で学ぶ必要がある。球団にその決意がなければ、どれだけ高卒捕手を獲得しても、育てきれずに終わることになるだろう。

機動力野手で繋ぐ下位→上位の流れは監督のこだわりか――千葉ロッテ

昨年日本一に輝いたロッテは、西村徳文監督の好みからか、昨年の荻野貴司に続いて、今季も斎藤佑樹の外れ1位とはいえ、俊足外野手の伊志嶺翔大を1位で獲得した。西岡剛のメジャー移籍を、荻野のショートコンバートという大胆な戦略で穴埋めし、下位から上位へと繋ぐオーダーに俊足選手を並べた構想は、徹底している。

攻撃面でのチーム戦略は、西村監督であるかぎり、こうした機動力中心のつなぎ野球でいくのだろう。しかし機動力中心の野球は、守り勝つ野球と裏表の関係にある。だとすれば、今後は投手力の強化を図る必要がある。ロッテは、伊良部秀輝、小宮山悟、黒木知宏らの1990年代後半から現在の成瀬善久、唐川侑己らまで、生え抜き投手がしっかりと育ちやすい環境ができている。

現在のロッテは渡辺俊介、成瀬、唐川と先発3本柱こそそろっているものの、先発、リリーフとも磐石といえる投手層を誇っているわけではない。課題は残っている。

「池山2世」もまずは2軍で勉強を――東京ヤクルト

ヤクルトも神宮の恋人だった斎藤を抽選で外した。外れ1位で獲得したのは「池山隆寛2世」という高卒遊撃手の山田哲人だった。

山田は、オリックス・駿太と対照的に、2軍でじっくりと経験を積ませ、基礎をたたき込んでから中心選手に鍛え上げようという方針である。奇しくも今シーズンから2軍打撃コーチに就いた池山がつきっきりで教えることになりそうである。

「育成」を掲げる球団には、巨人のように有望選手にひたすら打席数をこなさせようという方針もある。だが私は、しっかりと「打席での備え」といった基本知識を仕込むべきだと考える。1番打者なら、初球はどう備えるか。4番打者なら、変化球攻めにどう対応するか。そういった「備え」をしっかり教育することこそが、山田の糧になるし、ひいてはヤクルトの財産となる。

技術は進歩してはじめて技術たりえる。2軍での数百打席も、無為に打たせれば本当の経験にはならない。ヤクルトのスタッフは池山に限らず、監督時代の私の考えが血となり肉となっている。それを思い出しながら指導してほしいと願う。

投手に特化したドラフト戦略は正解――広島東洋

13年連続Bクラスのチームを浮揚させるのは、並大抵の努力でできるものではないだろう。だから福井優也以下、中村恭平、岩見優輝……とドラフト7人指名中5人まで即戦力投手で固めたのは、球団の補強方針として間違いではない。

早大トリオの中で、実戦での完成度で日本ハム・斎藤佑樹が、将来性で西武・大石達也が評価されるならば、福井は完成度、将来性のバランスが両者より際立っているといえそうだ。負けん気の強い性格にみえるし、キャンプからマイペースを貫くあたり、生意気にみえることもあるかもしれないが、極めて投手的な性格をしているようにみえる。

強かった赤ヘル軍団当時は「4点取られても5点取り返す」スタイルだったとはいえ、芯の強さを支えてきたのは外木場義郎、池谷公二郎、北別府学、川口和久、大野豊……といった、強力打線の陰で黙々と投げ抜く投手陣であった。同世代の前田健太、今村猛らとともに、再び広島を浮上させる大きな責務を担っている。

岩隈久志のメジャー移籍を見据え、塩見貴洋にかかるローテの期待――東北楽天

ドラフトでのくじ運が極めて強い楽天は、今季は大石達也を外して、八戸大の塩見貴洋が1位だった。左の先発候補である。

楽天がドラフト1位で左の先発候補を獲得するのは、これで5人目である。2006年の松崎伸吾（大学・社会人1巡目）、片山博視（高校生1巡目）、2008年の長谷部康平、

２００９年の藤原紘通、といるが、確たるローテーション投手には育っていない。

だから塩見には「今度こそ」の思いもあろうが、５月５日に初先発初勝利を挙げ、まずは順調に滑り出した。来シーズンにはエースの岩隈久志が大リーグへFA移籍することは決定的である。塩見が1年目からチャンスをつかむことが、楽天というチーム自体の未来を占うといっても過言ではない。

今年こそ新人投手が戦力に定着することができるか――横浜

広島と同様に、須田幸太以下、即戦力投手中心にドラフトをした。大石達也の外れ1位だった須田は、さすがに社会人からの即戦力だっただけに、5月から先発ローテーションに入った。惜しい登板が続いて、5月中の初勝利はかなわなかったが、三浦大輔、清水直行、大家友和らベテラン先発陣がそろって開幕から不調もしくは故障とあって、チャンスをものにしつつある。また、5位の大原慎司は中継ぎながら5月までに2勝を挙げた。

横浜が弱い理由は、その年の特Aクラスの新人投手を補強しようとせず、その次のレベルの選手を無難に獲得してお茶を濁そうとしてきた点にある。こうして獲得したドラフト1位など、単なる順番の上での1位にしかすぎないのだから、将来性もたかがしれている。前述したかつての阪神のように、「ドラフトで勝負しようとしない球団」に、成功のチャンスはない。

2010年に2位で入った加賀繁、4位の眞下《まっか》貴之も先発陣に名を連ね始めた。現場がこうした投手たちを積極的に起用すること。フロントがリスクを承知の上で、その年のトップ投手の獲得に挑むこと。この両輪がかみ合わずして、最下位脱出などかなわないと思い知るべきだ。

Chapter2

捕手の見立て

～私が城島健司を酷評した理由

捕手は「守りにおける監督の分身」である

優勝チームに名捕手あり。私の持論のひとつである。かつては「名投手あり」であったが、現代野球ではローテーションが確立し、40試合も50試合も先発するような鉄腕はいなくなった。エースと呼ばれる投手でも、30試合がせいぜい。しかも分業制が確立し、シーズン200イニング投げる投手もチームにひとりいればましなほう。糸を引くようなコントロール、変化球のキレで打者を料理する、といった捕手いらずの投手も見なくなった。

さらに、現代は投手受難の時代である。楽天監督時代に、ソフトバンク監督の王貞治が私にいった。「ノムさん、今のバッターは150キロぐらいのストレートは簡単に打ちますよ」。いまや環境設備もよくなり、室内練習場あり、打撃マシンあり……。専門知識も豊富になった。さらに打者は4時間でも5時間でも打ち続けられるから、技術向上は著しい。

投手は「肩は消耗品」という認識もあり、毎日2時間も投げ続けられない。さらに各チームはビデオを活用した投球動作のクセの分析、ITの活用による配球分析、特にボールカウントによる捕手の配球のクセや傾向など、いくらでも分析を重ねられる。こうした環境で戦い続けなければならない。まさに投手受難の時代である。今シーズンは統一球が導入されたが、たとえ被本塁打が減ったとしても、この傾向は今後も変わらないだろう。

だからこそ、投手を助ける捕手が、チームの浮沈のカギを握る。私は「捕手はグラウンド上での監督である」と説いてきたが、決して誇張ではないはずである。

嶋基宏は臆病な配球を改めるべき――東北楽天

2010年シーズン、私を驚かせたのは嶋基宏が・315の高打率を残したことである。ベストナイン、ゴールデングラブ賞も受賞して「自分が賞をもらってもいいのか」と謙虚に話していた。ベストナインはともかく、ゴールデングラブ賞は最下位球団の正捕手にふさわしい賞とはいえないな、と私も苦笑したものだった。

私が指導した捕手に、打撃が向上する選手が多いのは事実だ。古田敦也は入団2年目の1991年に首位打者（打率・340）を獲得したし、矢野燿大はもともと外野手を任されるほど打撃がよかったといえ、私の退任後の2003年、打率・328を残してリーグ優勝にリードとバットで貢献した。

彼らは、私が教えた「配球の傾向」などを、打席で相手バッテリーの配球の「読み」に活用できるようになるようだ。嶋も「前の打席に直球で仕留められていたので、内角直球1本、空振りしたらゴメンなさい、という気持ちで待っていた」などとコメントしている。「来た球を打とう」という理想を追うだけでなく、しっかりコースや球種を絞って備えることで、打率を上げはじめている。バッティングは7割から8割が「備え」で結果が決まると経験上信じている。

だが、正捕手としての嶋はようやく未熟の域を卒業しかかっているにすぎない。配球には①投手中心、②打者中心、③状況中心があり、その3つを使いわけることが必要である。例えば楽天なら、岩隈久志や田中将大ならば常に①投手中心でも勝っていける。それでも強打者が相手の場合や、自軍の投手が3番手以下であれば②打者中心、③状況中心も使い分けねばならない。

窮地に陥ると外角一辺倒になったり、捕手が「打たれない球種」と誤解しがちなフォークに頼ったり、と臆病な配球に陥るのが嶋の欠点だった。つまり打者中心にも2種類あり、弱点を攻めるのならいいが、相手打者の顔色をうかがった、憶病で主導権を譲ったようなリードになってしまう。私はこれを叱ることが多かった。

嶋は中学時代の成績が「オール5」だったといい、「野球は頭のスポーツ、捕手はバカではできない」という私の信念に合致したから、正捕手を任せてみた。ただ、これまでの嶋は「勉強頭脳優秀＝優等生」のイメージで、「野球頭脳」をアピールする段階に至っていない。「勉強頭脳」と「野球頭脳」は別ものということを嶋から学んだ。野球は勝負ごとだから「状況を読む」、「相手打者を観察、洞察して考えていることを察知する」のが捕手の主な使命である。相手の裏をかく「ずる賢さ」、弱点を徹底して攻める「執念深さ」を持つべきだ。

例えば3番手エースの永井怜を、捕手の力で15勝させるようになれば、楽天自体も飛躍できる。それには嶋のさらなる成長が不可欠である。

城島健司のわがままリードでは優勝は遠い――阪神

利己主義者の判断には根拠がない、という。城島健司は同じミスを何度も繰り返す。今シーズンは開幕から阪神の試合を評論する機会が多かった。

4月20日の巨人戦（甲子園）で、1点リードの八回に逆転を許した。先頭の小笠原道大が出塁した無死一塁から、ラミレスに初球直球を要求して安打を打たれチャンスを広げられる。すると高橋由伸には外角一辺倒の配球で四球を与え、長野久義に再び初球を逆転タイムリーされた。

5月4日の巨人戦（東京ドーム）では、同じく1点リードの八回、坂本勇人に初球直球を中前安打されたのをきっかけに同点にされた。九回、先頭の谷佳知にはスライダーを3球続ける一辺倒の配球で二塁打を許し、結局これがサヨナラの走者となった。

坂本、長野、ラミレスといった、超積極的な打者に対して、簡単に初球ストライクをほしがる配球をする。ピンチを迎えると「一辺倒」の投手中心の配球をする。私の目にはこれらが、あまりに配慮がないものに映る。しかもワンパターンで、致命的な失敗を続けている。

私は、捕手はマイナス思考でなければならないと考える。ピンチで同じ球種を続ければ、投手の心理は1球投げるごとに窮屈になって、コントロールミスを犯す恐れが高まる。だから対になる球種、コースなどで球数をかけて打ち取れ、というのが私の考えだ。内角と外角、高めと低め、緩い球と速い球といった相対性を利用したリードである。

しかし城島の場合には逆で、同じコース、球種を要求すれば必ずそこへ投げてくると信じていて、そこへ来ずに打たれたら投手の責任、と決めているようにみえる。前述した②打者中心ならまだしも、「捕手中心＝わがまま」と映ることもある。

２００９年のＷＢＣ（ワールド・ベースボール・クラシック）で、韓国代表の４番・金泰均（現ロッテ）に対して岩隈に内角一辺倒を要求し、虎の子の1点を奪われた。テレビで試合を見ていた私が配球に疑問を呈すると、「野村さんはいつも完全試合してたんですか」といい放った。謙虚さのかけらもない発言に私は耳を疑ったが、残念ながら彼の独善的な配球傾向は、マリナーズを勝たせられずに正捕手を追われて帰国した後も改まっていない。捕手は「女房役」といわれるくらいだから、「功は人に譲れ」の精神が大事である。

さらに、ひざの故障と雑なキャッチングからパスボールが多く、投手の信頼を失いかけている。阪神には今シーズン、ＦＡで楽天から藤井彰人が移籍した。関係者から「投手陣は藤井のほうが投げやすいと話しているようです」と聞いて、納得する部分があった。藤井は股関節が柔らかく、グラブさばきも上手い。さらに捕球も上手く、投球を後ろに逸らすことが少ない。私は内野手転向させれば、とも考えたほどだ。楽天では「岩隈専用」捕手として、岩隈を通じて配球を学んだ部分もあろう。城島が守備だけでなく打撃も沈み込んで、チームの状況が下降線となったときには、藤井にチャンスを与える方法もあるのではないだろうか。

細川亨に期待する短期決戦での状況判断――福岡ソフトバンク

楽天監督を務めた4年間で、「正捕手らしいリードをするな」と感じたのは、西武・細川亨だけだった。その細川が、ソフトバンクへFA移籍した。

新人の項でも述べたが、ソフトバンクの長年の懸案は正捕手不在だった。的場直樹、山崎勝己、田上秀則、他球団から的山哲也、清水将海らを補強したりと迷走を繰り返してきた。楽天監督当時には「藤井をくれないか?」と王貞治監督から電話を受けたこともあるほどだった。それだけに、細川の獲得で「これで大丈夫」と意を強くしたことだろう。

細川の長所は、緩急を上手く使えること。2008年に西武が日本一となった巨人との日本シリーズで、岸孝之のカーブで巨人打線を翻弄した配球が記憶に新しい。その日の試合で「その投手の軸となる球種」を取捨選択することは、捕手にとって最初の仕事だが、それをわきまえている。また、打者心理を読むことに長けていて、相手打者が嫌がる攻め方を続けたり、コースを徹底したりできる。前述した嶋、城島のマイナスの意味の「打者中心」とは異なる、打者を見て狙いを外すプラスの意味での「打者中心」の配球ができる。

さらに今回のFA移籍が、同じパ・リーグ内の移籍だったことも大きい。昨年までのデータをそのまま活かすことができる。

昨年までプレーオフ、クライマックスシリーズを一度も勝ち抜けなかった「短期決戦に弱いホークス」を、二度の日本一経験を持つ細川が変えるような気がしてならない。同じ相手と7試合連続で戦わなければならない日本シリーズを経験することで、なによりも成長するのが捕手である。日本シリーズは捕手のためにあるといっても過言ではない。これが私の持論でもあるからだ。

円熟期に入った阿部慎之助が、いま心がけるべきこと——読売

日本シリーズの経験、という点では、阿部慎之助も日本一を経験している。2009年

には、日本ハムを倒して日本一になった。好打者を多く擁する日本ハム打線に、序盤は稲葉篤紀、高橋信二ら中軸打者に打ち込まれながら、最後は見事に封じてみせたリードには、成長を感じたものだ。

しかし翌2010年は、リーグ3位に甘んじた。上原浩治に続き、高橋尚成もチームを去り、阿部より年長の日本人先発投手がいなくなり、世代交代期を迎えた。働き盛りの阿部が、名実ともに巨人の中心選手、正捕手として、投手陣を引っ張っていくことが求められた。

阿部の責務は内海哲也、東野峻を左右の2枚看板として導き、リーグ4連覇を成し遂げることだった。まさに「捕手の見せ場」ともいえるシーズンだったのだが、内海は伸び悩み、東野もエースと呼ぶには技術、体力、精神力すべての面で物足りないままで終わった。

明けて2011年、開幕直前の練習試合で右ふくらはぎを肉離れし、開幕から1カ月間を棒に振った。それでも、再び挑戦者の立場に戻った阿部の正捕手としての真価が、今後の数年間で問われることは変わらない。阿部がブルペンで、投手に対して執拗にコントロールの重要性を説き、「ストライクさえ投げられれば、あとはオレがなんとかしてやる」と胸を叩くような捕手になれば、投手陣を立派に成長させてやれると考えている。

相手の弱点をしつこく攻める「続き」の谷繁元信――中日

谷繁元信は、捕手としては私以来の「3000試合出場」を目指しているそうだ。2011年は41歳シーズン。私と同じく45歳まで現役を続ければ大台に届く計算だが、あの谷繁がこれほどまで長く、プロの第一線にいる捕手になるとは想像しなかった。

「続きの谷繁」、ヤクルト監督時代に谷繁のリードを見てはこう呼んでいた。内角直球、内角、内角、もう来ないと思ってもまた内角……。相手の弱点をしつこく突くのが彼の特徴で、阪神・城島健司の項で前述したような、ともすれば「一辺倒」になりがちな配球なのだが、実に効果的に使うことが多い。

配球の基本は「意識づけ」である。例えば内角直球を強く意識させながら、勝負球は外角低め直球、または低めゴロゾーンへの変化球で仕留める。谷繁はこの「意識づけ」が巧みな捕手である。今後は肉体の衰えとの戦いが待っているが、安定感はセ・リーグの正捕手の中では突出している。

それでも、谷繁の後の正捕手育成は、近い将来へむけた中日の一番の宿題であることはいうまでもない。捕手育成には時間がかかることを肝に銘じておくのが重要となる。

捕手らしさが欠如した相川亮二のプレースタイル——東京ヤクルト

正捕手には、打力を活かそうと抜擢された「打撃から入った」タイプ（阪神・城島健司、巨人・阿部慎之助ら）と、強肩やキャッチングの巧みさを買われた「守備から入った」タイプ（古田敦也、ソフトバンク・細川亨ら）に区別できる。相川亮二は、数字はともなわないが典型的な「打撃から入った」タイプだろう。

というのも、随所に「捕手らしくない」とみえることが多いからだ。5点リードされた試合で自身が先頭打者で打席に入ったときに、初球から簡単に打って出たことがあった。このようなケースでは、まずは出塁を心がけるもの。狙い球を絞って好球必打で臨み、または球数をかけさせて四球を選ぶ。相川にはこうした捕手らしい姿勢がみられない。

私はよく「打席では捕手になれ」と説く。「おまえが捕手だったら、この場面でどういうリードをするか、どんな打者が嫌か、少しは考えてみろ」というのである。5点リードされた先頭打者、という状況ですべきは「まず出塁して走者をためる」という簡単なことだから理解できそうなものだ。そこに配慮がないとすれば、相川はやはり「打者から入った捕手」ということなのであろう。野球は状況判断のスポーツである。状況を基準に選手のやることが決まってくるのである。

一刻も早く正捕手候補の決定を――横浜

今春のキャンプで横浜を訪問した際に、武山真吾が挨拶に来た。私にとって面識はなかったが、キャンプ宿舎の自室にも私の著書を持ち込んでくれていたそうだ。

その場にいた杉村繁巡回打撃コーチが「バッティング練習はいいから、野村監督にバッテリーのことを教えてもらえ」と練習免除したために、初対面の武山に対して小一時間も「捕手とは」の講義をすることになった。武山の力量はしっかりと把握していないが、細山田武史らと正捕手を争っているのだろう。

相川がヤクルトへFA移籍してから、正捕手が不在だといわれる。しかし振り返ってみれば、谷繁元信が2002年に中日に移籍してから、チームはどん底の低迷を続けているのである。

投手層が薄い、野手の世代交代の失敗、など横浜の低迷の原因はいくつもあるが、1試合を任せることができる捕手が育たなかったことも、かなりのウエートを占めているといっていい。

なぜか横浜には、バッテリーコーチの影が見えない。しかし尾花高夫監督とは、ヤクルト投手コーチ時代に、私の下で働いた仲である。尾花監督は、相手打線の研究と捕手との配球ミーティングにどれだけ重要な位置を占めるか熟知しているだろう。コーチができぬなら、尾花監督自身がやるしかない。監督2年目で、まず最下位脱出を図らなければならないだけに、余裕はないかもしれないが、正捕手候補を早く定めて、投手心理や配球術を中心に打者との駆け引きを丹念に教え込んでいかなければならない。

若手投手や新外国人投手を導く石原慶幸――広島東洋

広島の正捕手は石原慶幸だが、捕球技術が高く、投手からは投げやすさがあるのだろう。2010年には前田健太を沢村賞投手へと導いた。カーブが特徴の前田健の緩急は、セ・リーグに久しぶりに楽しみな若手投手が出てきた、と感じたものだ。

　かつて広島の黄金時代には、水沼四郎という不動の正捕手がいた。1979年の日本シリーズ第7戦、1点リードの九回ノーアウト満塁を断ち切った「江夏の21球」。江夏豊の芸術品のような投球を、女房役として支えたのが水沼で、近鉄・石渡茂のスクイズを察知した江夏がピッチドアウトした場面では、水沼もしっかりとスクイズの可能性を確信していたという。また水沼のあとは、達川光男が正捕手に昇格している。打線と好投手が目立っていた当時も、しっかりとした正捕手は存在していた。

　今シーズンの石原は、福井優也ら将来性に溢れた若い投手をリードすることが求められる。また今シーズンの新外国人投手バリントンを好リードすれば、13年連続Bクラスの長いトンネルを脱出できるかもしれない。再度述べるが捕手は監督の分身であり、試合においては脚本家なんだ、という大きな責任と使命を背負っていることを忘れてはならない。

個性派ぞろいの先発陣から学ぶべきことは多いはず――埼玉西武

　細川亨がソフトバンクにFA移籍したことで、銀仁朗にかかる正捕手への期待はさらに高まることになった。新人だった2006年、当時の伊東勤監督は開幕マスクをかぶらせた。2010年は故障で1試合のみの出場にとどまったが、今シーズンこそ、ポジションを勝ち取らなければならない。

彼にとって幸いなのは、涌井秀章、岸孝之、帆足和幸、石井一久、西口文也とタイプと世代が異なる優秀な先発投手に囲まれていることだ。「捕手が投手を育て、投手が捕手を育てる」という。恵まれた環境を活かして、万人に通用する配球、そして打者中心、状況中心といった配球の基礎を学ぶことだ。

里崎智也には捕手に必要な「マイナス思考」が足りない——千葉ロッテ

里崎智也もまた、打者から入った捕手である。マスクをかぶっていても、徹底した「プラス思考」であることがうかがえる。2010年の「下克上」と評された日本一への快進撃は、クライマックスシリーズのファーストステージで故障から復帰した里崎が第1戦の9回に起死回生の2点タイムリーを放ったことから始まった。

２０１０年の日本シリーズ、投手有利のノーボールワンストライクから痛打を食う場面が目立った。里崎はプラス思考で「早く追い込もう」とする。しかし打者心理は「追い込まれたくないから積極的に打っていこう」である。だから積極的な姿勢どうしがぶつかり合って、手痛いヒットを打たれる。

また、執拗に内角を突く場面が多いが、これは「打者として内角攻めは嫌だから」という固定観念に基づいているからではないか、とも思える。もしそうであるなら、これも打者心理に基づく配球傾向といえる。

イケイケのリードは、はまれば圧倒的な勝利を呼び込むのだが、安定感はいまひとつである。二度の日本一を経験してもなお、なかなか「名捕手」という評価が得られないのは、こうした捕手らしくない性格のゆえではないか、と私は考えている。

ダルビッシュ有は別格、技巧派のリードこそ捕手の醍醐味――北海道日本ハム

鶴岡慎也が今シーズンの開幕を棒に振る負傷をしたが、それ以前に梨田昌孝監督は大卒

3年目捕手の大野奨太を正捕手に育て上げたいようだ。

日本ハムにはダルビッシュ有という、自在に本格派と技巧派を使い分ける不動のエースがいる。だが大野の成長の助けになるのは、武田勝、斎藤佑樹ら技巧派投手だろう。私は「技巧派投手を活かすのは捕手の醍醐味」だと考えている。試合前夜から、頭の中で打者ごとに配球の対策を練り、試合の序盤で確認作業をしながら、ひとりひとり丁寧にリードして打ち取ってゆく。捕手は毎日がこの積み重ねである。

「捕手の育成」と「勝利」は切り離して考えるべきである——オリックス

日高剛は、岡田彰布監督に評価されていないようだ。かといって鈴木郁洋も線が細い。だから高卒4年目の伊藤光を開幕から抜擢したのだろう。

意図は理解できなくもないが、捕手を育てるには時間も手間もかかるものだ。捕手本人にもそうだが、首脳陣にも断固たる決意と信念、育成手腕が必要になる。戦いながら、勝ちながら、と二兎を追うことは困難であると覚悟すべきだ。

Chapter3

監督の見立て

〜星野仙一は楽天で成功できるのか

「未来を見据えながら現在を戦う」のが監督の責務である

監督には「未来創造能力」が必要である。「名選手、名監督にあらず」という。それはなぜか。自分の仕事に徹して成績を築き上げてきた者が、名選手と呼ばれる者たちの大半である。チームの勝利を追いかけているのは誰も同じだが、個人成績を追いかけると、自然と視野は狭くなる。「未来」より「現在」の自分の成績が大事になるからだ。そういう思考習慣で現役時代をすごしてきた人たちが、急に未来志向でチーム強化を図れといわれても至難の業なのだろう。

しかし監督業を務め上げるためには、チームの「未来」を自分の手で創り上げていかねばならない。2年後、3年後にチームはどうなっているのか。中心になる選手は誰か。ライバル球団はどんな構成になっているか。そうした点をすべて視野に入れて、チーム強化を図りつつ、目の前の試合の勝利を目指す。そこに監督の面白さと難しさ、つまり醍醐味がある。

なにしろ、選ばれた12人にしかできない仕事なのである。12人には、自分にしかなしえない仕事をしてほしい。これが私の願いでもあるし、24シーズン、4球団の監督を務めてきた私の信念である。

ところが、現在の12球団で5年以上監督を続けているのは、中日・落合博満（8年）と巨人・原辰徳（6年、通算では8年）だけである。このふたりについては「未来創造能力」を語ることができるが、他の10監督にそれを期待するのは無理である。横浜は別当薫監督が退いた1973年以降、4年以上同じ監督を続けた例がない。オリックスにいたっては、今世紀に入って8度も監督交代を繰り返している。

水原茂、鶴岡一人、三原脩、川上哲治、西本幸雄……。名監督と呼ばれる人たちはみな、長期政権でチーム強化に取り組むことができた。南海、ヤクルトでの私もそうだった。また私と同世代以下の上田利治、古葉竹識、森祇晶、仰木彬、長嶋茂雄、王貞治も同じで、監督として球団の未来を託されていた。監督の名を冠して「○○野球」と呼ばれたのも、監督の目指す野球に基づいて選手を集め、育て、信念を体現していくことが可能だったからであろう。

日本の社会に置き換えて考えてみるといい。首相が2年と持たずに交代を続け、政治経済が混乱し、国の基盤がますます脆弱になっていく。政権に継続性がなく次々とむやみに人間ばかり入れ替えるから、適材適所に配するはずの人材が枯渇している。仲良し人事を繰り返したあげく、高度な専門知識を持つプロフェッショナルは脇に追いやられた。東日本大震災や原発事故のような未曽有の国難にあっても、迅速に対応に当たるネットワークが失われているから、すべて後手に回って、チームとしての日本の弱さを露呈してしまった。

プロ野球も猫の目のような監督人事を繰り返しているようでは、一向にチーム強化は進まない。結局のところ人材は枯渇しかかっている。球団は人材を育てず、探すばかりだから、幹部候補生が底をついてしまった。

だから、次々と入れ替わる監督が、それぞれ仲のいい「お友達」ばかりを首脳陣に配してしまう。そこにプロフェッショナルのコーチはいなくなる。適材適所がなくなれば、迷惑するのは選手である。一貫した指導方針がなくなるからだ。

「巨人の野球」「阪神の野球」「ヤクルトの野球」。一貫性のない指導になって伝統が失われていく。誰がやっても同じ野球が増えるのは、こうした悪循環のためだ。

例えば私は弱いチームが強いチームに挑むための、野球のスタイルとして「弱者の戦術」を極めようとした。しかし2、3年で首をすげ替えられる監督たちに、こうしたチャレンジは不可能だろう。もっとも安易にお友達内閣どうし、2、3年高給をもらってすごせればいいというならそれも無用だろうが。

気がつけば、ユニホームが違っても同じスタイルの野球、というのが増えている。これはつまり「誰が監督をしても同じ野球」であって、これではますます野球の醍醐味が失われてしまう、と危惧している。

ひとつひとつのプレーに意図や根拠がなく、「来た球を打て」と根性論で奨励する監督たちが作る野球に「新たに創造される未来」はあるだろうか。「未来創造能力」のない本社天下りの球団フロントが目先の利益のために、監督に「未来創造能力」を求めることなくに目先の勝利だけを要求する、悪循環だけが残る。

目の前にいるAという選手に、3年後どういう選手になってほしいのか。いま覚えるべき技術はなにか。

監督はあくまで、未来から逆算して現在の仕事に取り組むべきで、そうした能力を持った人材を、球団は監督に据えるべきなのである。そうした視点がなければ、チームの基盤は作れない。

唯一「未来創造能力」を発揮している落合博満監督――中日

なぜか私は落合博満監督に好かれているようだ。２０１１年のキャンプでは、取材がてら2時間も話し込んだほどである。かつて「落合監督が唯一長話をするのが野村監督です」といわれた。変わり者どうし、とみられているかもしれないが、私は落合監督ほどの変わり者ではない。

就任会見で落合監督が「今までと１８０度違う野球をする」と話していたのを聞いて、一度真意を聞きたいと思っていた。直接本人から話を聞いて驚いたのは、「１８０度違う野球」とは、選手の視点の１８０度転換だったと彼が話したことだ。

落合監督がいうには、就任直後の選手たちはベンチの顔色ばかり窺いながらプレーしていたのだという。おそらく星野仙一監督当時からの鉄拳、強権のイメージが、選手たちに根づいてしまったのか「監督に気に入られる行動を取らなくては」という思考にがんじがらめになっていたのだろう。

選手は、監督と同じ方向を向いてプレーする。それは団体競技において当然のことである。だが「監督が望むプレー」とは、監督のやりたい野球に沿ったプレーという意味で、あくまで選手各自の個性に沿った技術を、ひとつの野球に集約させることこそ、監督の役目である。

だとすれば、まず必要なのは、単に監督に気に入られる行動（根性や闘志溢れる言動）ではなく、落合監督が望む野球に参加するための技術向上、体力強化を図ることである。それができる人材を試合で起用する。落合流の信念を浸透させるのに、「7年かかりました」と笑っていた。

「ほとんどのことはコーチに任せるが、選手によってはオレが出ていきます。自分より現役時代の成績が悪かったコーチにいわれたくない、というような選手の場合にはね。ならオレがいう。オレに文句があるなら、オレの成績を超えてからいえと。ノムさんはいったことないですか？」と聞かれたときにはさすがに絶句した。私もさすがにそこまで選手にはいえない。「180度違う野球」とはそういうことかと思った。

編成に口を出し、外国人獲得のために毎オフ腹心の森繁和ヘッドコーチをドミニカ共和国に派遣する。ドラフト会議当日に、自分の意向で1位指名選手を差し替える。これほどまでに自分を曲げずに監督を続けてくるためには、実力の証明が必要である。その通り、落合監督は就任以来「一度もBクラスに落ちない」という実績を示し続けてきた。

現在の12球団の監督にあって、最も「未来創造能力」を発揮しているのが落合監督なのである。しかし、おそらく周囲に敵は多いはずで、どこまで落合監督が監督を続けられるかは不明である。また「落合後」がまだ確立されていないのが気になる。これだけの実績を残したからには、そろそろ後継者を育成しなければいけないと思うが、ポスト落合の姿はみえない。次期監督の呼び声が高い立浪和義とも疎遠だという。

これだけ厳しいチームを築いた後だけに、後任監督が「選手任せ」の道をとったとしたなら、落合が築いた王国もあっという間に瓦解してしまうだろう。中日球団も、落合に後継育成を要請すべきではないか。

世代交代と主役の育成をスムーズに果たせるか――読売

原辰徳監督は正念場を迎えている。

「連覇の難しさ」を私自身もヤクルト時代に痛感してきた。優勝チームは、翌年5球団から研究しつくされ丸裸にされる。選手、監督には「去年あれだけ頑張ったのだから」と、一定以上の「満足感」があって、自分自身を追い込みきれない。自己限定ほど、成長進歩を妨げるものはない。

原監督と巨人の3連覇は、優勝したが日本シリーズ進出を逃した2007年、日本シリーズに進出したが日本一になれなかった2008年、ようやく日本一に手が届いた2009年、と3段階で達成されたものだから、悔しさをバネに成長を続けられたのだろう。しかもWBCも含め、すべてを手にした。

その間に坂本勇人をレギュラーに育て上げたが、連覇を長期間続けるだけの戦力の底上げまでは難しいようだ。2010年シーズンに続いて、課題の投手編成を強化できないままに、今シーズンを迎えてしまった。

リーグ4連覇濃厚といわれた2010年、原監督は「未来」を見据えて山口鉄也を先発に回そうとしたが、失敗した。これによっておそらく彼のビジョンが大きく崩れたのだろう。この大きなつまずきが、先発、中継ぎ、抑えとすべての分野における投手層の弱体化を招くことになった。

外国人が期待通りに働かないこともあるが、生え抜き投手が東野峻、久保裕也、越智大祐、山口くらいしか主力として育っていない現状があり、彼らが一流への壁にぶつかっていることが大きい。

フロントは「育成の巨人」を謳ったが、すべてのポジションを育成できるわけではない。私は、育成とは、「エース」と「4番」を育ててこそだと思う。いささか矛盾するが、エースと4番は育てられない。その素材を発掘するのはスカウト、編成だ。その素材を監督、コーチが一人前に育て上げる。巨人でいえば斎藤雅樹、桑田真澄、松井秀喜といった選手である。現在では西武がそれに成功していて、涌井秀章、中島裕之、中村剛也らが育っている。

現在の巨人は、あくまで「脇役」を育てただけにすぎない。あくまで枝葉の部分だから、球団を挙げずとも現場レベルで十分対応できるものだ。だとすれば原監督ならずとも、現場を預かる者は補強によって穴埋めをしてもらいたいだろう。原監督自身が描く「未来像」と、球団が目指すそれにズレが生じているのではないか。

現在の巨人は、小笠原道大、ラミレス、高橋由伸らの世代交代期が近く、原監督がやりくりに苦慮しているようにみえる。現在の原監督は自らの信念たる「野球とは」と再考する時期にきている。3年後のクリーンアップをどうするか、投手編成をどうするか。そうした視点が必要で、2010年オープン戦では1番・長野久義、3番・坂本を試したりもした。二塁手、三塁手をどうするか、4番を誰に任せるか、といった思案も巡らせていなければならない。そしてそのために必要な選手獲得を、球団に強く要望しなければならない。

しかしながら、監督とは首を切られる立場だから、もし2年続けて3位以下となるならば、球団は「ポスト原」を探し始めるかもしれない。

今の原監督には、そうした時間的制約の中で未来を創造しなければならないというジレンマがあろう。だから正念場なのだ。

采配を放棄しているようにさえみえる真弓明信監督の戦術——阪神

私の真弓明信監督に対する印象は「とにかく動きのない監督」である。こうしたい、というビジョンが戦略、戦術、管理、育成、どこを取ってもまったくみえてこない。その象徴的な例が、金本知憲のフルイニング出場、連続試合出場それぞれのストップの場面にある。

2010年4月、フルイニング出場が止まったのは、金本自身の申告によるものだった。また1年後に連続試合出場が止まったのは、代打打席中に俊介が盗塁失敗して、規則上「1打席」と認められない、という盲点を突かれたのものだった。これは真弓監督の意思によるストップではなく、この点からも受け身の存在であることがわかる。自分の手を汚さずに記録をストップでき、おそらく胸をなでおろしていたことだろう。

連続記録を途切れさせるにあたって、金本に必要だったのは「直言」であって、「偶然」ではない。監督にチームの勝利を求める義務がある以上、選手に対してはチーム優先主義を要求する権利がある。金本の記録が、チームの勝利に直結するものであれば問題ないが、そうでなくなっているからには、真弓監督が「チームのために休め」と直言すべきだった。

真弓監督はもともと内野手だったが、のちに外野手にコンバートされた。実は外野手と投手出身監督に名監督は見当たらない。投手出身については後述するとして、外野手についてはなかなか試合の当事者になりにくいことが一因である。バッテリー間のサイン交換は、内野手への指示でもあることが多いが、外野手は打球が飛んできて初めて試合に参加できる。必然的に興味は打撃に向きがちで、外野の守備位置で素振りのマネをする選手が多いのはまさにそれである。

また真弓監督は久保田智之→小林宏→藤川球児の並びにこだわるなど、とかく型にはめたがる。この手の監督は、そのワンパターン、思考の硬直ゆえに星を落とす。勝負とは、相手の弱点や隙を突く、また相手を知るという基本認識をもって戦うのだ。「相手を崩す」「相手の嫌がることをする」「相手を読む」、それによって勝利により近づける。それこそが選ばれた男である監督の最大の楽しみであるのに、真弓監督を見ていると、能力のすべてを駆使して采配を振るうことを放棄しているようにすらみえる。

スカウトでの経験が活きている小川淳司監督——東京ヤクルト

小川淳司監督も、外野手出身ではある。だが選手の特徴を見抜き、必要以上に情に流されることがなく、気配りの効いた指導、采配を進めているな、という印象だ。

特に選手とベンチが同じ方向を向いて、一体感を持ってプレーしているように感じられるのがいい。およそ外野手出身とは思えないが、キャリアを調べてみると習志野高の甲子園優勝投手であるが、大学では投手として挫折して打者として日本一に貢献している。しかしプロには届かず、社会人経由でのプロ入りとなったのだという。

私は、現役時代の小川とほとんど口をきいたことがない。だが彼自身は私のミーティングをしっかりと聞いていた選手のひとりであり、その内容を生かして指揮を執っているのだと伝え聞いた。こそばゆいかぎりである。

小川監督の選手起用に対する姿勢の基盤を作ったのは、「スカウト」の経験が原点にあるのではないだろうか。小川は1993年から3年間、ヤクルトのスカウトを務めた。目の前の高校生、大学生らが、数年後、ヤクルトのどこを埋める人材に育ってくれるか。チームにどの人材が欠けていて、どんな選手を獲得すれば穴が埋まるか。またその選手はどの程度の時間をかければ独り立ちしてくれるのか。いわばパズルを当てはめるように、先を見る眼が、スカウトには必要であり、監督と同じく「未来創造能力」がなければ務まらない。小川監督にとって、引退後のスタートがスカウトだったことは、間違いなく現在に活きている。

また2軍コーチの後、若松勉、古田敦也両監督の下で、2軍監督を9年間務めている。2軍監督は非常に重要なポジションで、私自身も、私の考えを十分に理解した人材を置くように努めてきた。ここでも1軍に足りない人材を意識して育て、勝つために、1軍監督に起用されるために必要な技術、知識、考え方を教え込んでゆくためだ。

例えば小川監督は、畠山和洋に長打力を捨てないよう説得し、数字を下げないために「打席での読み」を徹底させたという。こうした「未来を創造する」現場を歴任してきたと聞いた後でなら、1軍監督に抜擢されたことも得心がゆく。今シーズンからの監督について、球団は荒木大輔との二者択一で悩んだそうだが、現状では小川監督にしておいてよかった、といえるのではないか。

まずコーチの教育をすることによって選手が育つ――横浜

投手出身監督に大監督なし。これもほぼ当たっているのではないだろうか。尾花高夫監督は、まさに「お山の大将」を地で行くような監督1年目をすごしてしまい、選手とのコミュニケーションに苦労したようだ。

お得意の「勝てる投手教育」をしようにも、投手コーチがいる手前、思い切った指導はできない状況だったろう。私は監督として大事なことは「コーチ全員が監督のほうを向いて仕事をすること」だと考えている。まずはコーチに対して、自分の考えを浸透させるような教育をし、自分のほうを向いて仕事をさせることを優先すべきだった。そうでなければ、監督→コーチ→選手と、スムーズな意思伝達がおこなわれない。

前述したように、長くて3年という監督交代を繰り返してきた球団事情がある。短いスパンで監督が代われば、契約社会で生きるコーチ達も、どうやってユニホームを着続けられるかを考えるようになり、「監督と心中してもいい」というようなコーチも少なくなる。監督が短命であることには、どうしてもメリットが見つけられない。

まだ監督の手腕を評価するに値しないチーム状態——広島東洋

きめの細かい野球を目指してはいるが、期待に応える選手の数が少なく、まだ緻密さとは縁遠い野球を続けているのが広島である。資金力がない分、猛練習で実力を蓄える伝統があったが、前任のブラウン監督がすべてを失わせてしまった。

生え抜きとして野村謙二郎監督にかかる期待は大きいが、まず練習時間の質と量の改革からおこなわなければならないことは、かなり不幸なことではないか。とすれば、野村監督の手腕が問われるようになるのは、3年目以降ではないだろうか。

ノウハウを持っている渡辺久信監督の実行力に期待――埼玉西武

渡辺久信監督は、監督室に私がヤクルトでミーティングしたことを書き写したノートを置いていてくれるのだという。就任1年目だった2008年、巨人を倒して日本一まで上り詰めたのは、お見事というほかなかった。

台湾でプレーし、監督もして、西武に戻ってからは2軍監督も務めた。これらの経験が前任者の下での沈滞ムードを打破して、ともに戦う集団を作り上げることに活かされたのだろう。

伝統的に「勝つ野球」をよく理解しているし、それ相応の戦力も整っている。ただ、近年の西武を見ていると、勢いで連勝することもある反面、以前に比べて淡白で同じ失敗を何度も繰り返し、大きく連敗するようになってきた印象がある。「こうすれば勝てる」ことは知っているが、「どうしても勝ちたい」という執着心に欠けるような気がする。「昨年勝ったから、今年はこの程度でいい」というムードがあるならば、引き締めが必要である。

昨年は負けたにもかかわらず、フロントがまったく補強をおこなわず、今シーズンに向かった姿勢には疑問も感じるし、球団経営も苦しいと聞く。そうした姿勢に対抗するためにもまず、渡辺監督自身が目指すチーム像をしっかり描くことが必要である。

短期決戦での強さが求められる秋山幸二監督――福岡ソフトバンク

西武・渡辺監督と同様に、西武の黄金期を支えた秋山幸二監督だが、彼も動きの少ない監督である。資金豊富なソフトバンクらしく、球団は大型補強を進めていることもあり、リーグ連覇も狙える布陣がそろう。

だとすれば、秋山監督に求められるのは、短期決戦での強さだろう。クライマックスシリーズで不覚を取り続けているのは、「1点を奪いにいく」執念をどう選手に植えつけるか、にかかっている。元同僚の渡辺監督は日本シリーズで、思い切った投手起用で弱点のリリーフ不足を補って日本一に輝いた。

追い詰められた場面での選手起用、作戦選択を常に意識することではないか。

ビジョンが明確な西村徳文監督――千葉ロッテ

２０１０年、リーグ3位からの日本一という「史上最大の下克上」を成し遂げた西村徳文監督は、前任のバレンタイン政権下で、ヘッドコーチとしてかなり苦労をしたと聞いている。監督になってようやく、その苦労を活かす場面を得たのかもしれない。

なんでもやりたがるワンマン監督の陰で、ベンチから客観的にチームを見つめてきたのだろう。監督就任後、足のある選手を集めて機動力が使える野球を目指している。また、選手たちも日本一の経験を持つ中心選手らがいて、ここ一番での集中力やつなぎの意識が目立っている。集中力、チーム優先主義に機動力を加える、と西村監督自身が目指す野球のスタイルが明確であること、そのスタイルを優勝経験を持つ中心選手らがよく理解して動いていることが、渡辺監督や秋山監督と異なっている点だろう。

統一球とグラウンドの広さを考え、しかも他球団から大砲を集められる点からすれば、西村監督の目指す方針は正しい。私も「足の速さは天性のもの」と編成部門に注文を出していたほどなので、足の速い選手であれば多少ダブつくくらい人数がいても、チームにとってマイナスにはならない。

球団に資金面での余裕がないこともあり、西村政権は長期に及ぶかもしれない。育成と勝利のバランスをとりながら、さらに自分が目指すチームづくりにまい進するべきだ。

今は「静」でいいが、世代交代には「動」になることも必要 ——北海道日本ハム

梨田昌孝監督は、現役ではただひとりの捕手出身監督である。捕手は「グラウンド上での監督である」というのが、私の信念である。ひとりだけファウルゾーンに座り、他の野手のほうを向いている。投手にサインを出し、守備陣に指示を出し、時には命がけでホームベースを死守しなければならない。監督以上の決断を求められる瞬間もあるわけで、気配りと目配りが常になければ、務まらないのが捕手なのである。

とはいえ、基本的には梨田監督もグラウンド上では動きが少ない監督である。ただ日本ハムもロッテに似ており、稲葉篤紀をはじめとした経験豊富で成熟した選手が多い。「ここは進塁打」「確実に1点」など、自分がなすべきことを理解した「大人のチーム」だけに、口やかましくない、梨田監督のようなタイプが合っているかもしれない。

ただし、日本ハムもこれから世代交代期を迎える。梨田監督が柔和な表情に似合わず、厳しく接して幾度となく2軍行きを自ら命じてきた中田翔が、2011年シーズン、開幕からレギュラーをつかみ、飛躍の年を迎えた。彼を「4番打者」に育て上げることができれば、日本ハムの今後10年の「未来」が開けてくる。

また、斎藤佑樹を一人前の投手に育て上げるのも梨田監督の仕事である。斎藤が技巧派である以上、彼の成功には捕手にかかる比重も大きくなる。配球、打者心理を徹底的に教え込むことが必要である。2012年になれば、ダルビッシュ有も大リーグへ旅立っているかもしれない。他の投手をひとりでも多く一人前に鍛え上げなければ、未来図に狂いが生じてくる。

阪神時代と同じ戦い方では勝てないことに気づくべき――オリックス

岡田彰布監督が阪神を率いて、2005年にセ・リーグを制覇したとき、ほとんど送りバントを使わなかった。「アウトをひとつくれてやるのがもったいない」という発想だったのだという。

確かにアウトをひとつ犠牲にするのが送りバントだが、戦術選択にはベンチの意図があり、相手に与える重圧もある。野球に相手の隙を突く、だまし合いの側面がある以上、ただ「来た球を打つ」真っ正直な作戦で勝ち続けることは困難だ。

多くの戦術を組み合わせ、または最善策を考え抜いて決断する。選手に指示を出して実行させる以上、その指示による結果に対して責任を負うのがプロ野球の監督である。

選手任せで野球をやるためには、選手の能力が高くなければならない。能力の低い選手が要求に応えられないなら、指示のしかたを変えるべきだろう。すでに優勝経験があった阪神と、長く優勝から遠ざかっているオリックスとでは、選手層だけでなく、プレーに対する厳しさも異なる。監督としての変化が必要なのだ。

考えを突き詰めた上で、ローテーションとオーダーを決定し、プレー選択をおこなうべきである。漫然と試合に臨んでいるようでは、選手の責任ばかりを問う監督になってしまいかねない。その結果、途中でチームを放り出すのではないかと心配してしまう。

対策のみえない星野仙一監督の采配——東北楽天

「このチームは弱い」。私がいったのと同じ言葉を、星野仙一監督もよく口にしているようだ。私の場合には「このチームは弱い。だから弱さを自覚して、実力の足りない部分を無形の力で補おう。それが弱者の戦法だ」と続く。ところが星野監督からは「弱いからどうする」という方法論が聞こえてこない。

開幕からタイムリーヒットが出ない、という。私がある試合を観戦していた時、球団幹部がやってきて、「野村監督のころと一緒です。安打多くして得点少なし、です」と話しかけてきた。しかし私の目には「一緒」とはみえない。タイムリーが出ないならば、どうすべきかという対策が見られないからだ。

その試合は1対1のロースコアのゲームだった。楽天は七回から延長戦にかけて、一死から走者が出る、という展開が4度続いた。「終盤の1点勝負なのだから、とにかく得点圏に走者を送るべき」と私はネット裏からつぶやいていた。ところが、一死から送る、という戦術をとったのは3度目の出塁からだった。

その試合まで、楽天はすでに60イニング以上タイムリーが出ていなかった。しかしこの光景を見るにつけ、その間に打つべき手を打っていなかったのではないか、と強く疑問を覚えた。

中日で、阪神で、星野監督を活かしてきたのは、島野育夫だった。私が南海監督時代に移籍してきて、1973年のリーグ優勝時には「1番センター」で貢献してくれた。当時の野球知識を活かして、1986年から星野が監督に就任するたびに、その参謀役、鬼軍曹役を務めてきた。

星野が阪神監督に就任したとき、同時にヘッドコーチに就任した島野が「ノムさんが作った野球を、受け継がせてもらいます」といってきた。志半ばで阪神のユニホームを脱がなければならなかった直後のことだったから、私も心からうれしかったのを覚えている。

島野は2007年に他界し、楽天監督になった星野には参謀がいない。田淵幸一を連れていったが、田淵に参謀役は務まらないから、仁村徹に任せている。だが仁村は星野監督の決裁を仰がなければならないだろう。島野には攻撃、守備の作戦指揮を任せきりだったが、楽天ではそれができない。タイムリー欠乏症や、根拠の薄いオーダー変更、タイミングがずれた選手交代には、そんな背景が存在しているのだろう。

また星野監督には、戦力不足のチームで戦った経験がない。だから楽天でもまず戦力補強に乗り出そうとした。岩村明憲、松井稼頭央の獲得がその端緒で、外国人投手も次々と補強している。私に彼の半分も、フロントとの交渉術があれば、とも思うが、星野監督自身も自らの能力を把握しているから、戦力整備を第一の仕事と考えているのだろう。

そしてなにより、星野監督の最大の問題点はどこに行っても「仲良し内閣」を作ることで、大失敗した北京五輪に懲りず、またやっている……という印象である。落合博満監督、尾花高夫監督の項で前述した通り、コーチは監督のほうを向いて仕事をし、方針徹底は一本の線のごとくなすべきものだが、それは仕事を世話してくれる監督の顔色をうかがって、というものではないはずだ。

私に兼ねてより縁のあった人間は、楽天では池山隆寛くらいだった。部下となったコーチ陣には、私の野球理論を、のちの野球人生を生きる術として役立ててほしいと願って接してきた。不本意ながら、多くのコーチが私の退任と同時に、楽天から解雇されてしまったが、池山はヤクルトのコーチに復帰し、また投手のクセ探しなど走塁指導をよくしてくれた佐竹学がオリックスで、新たなコーチの職を得るなどしているのを見ると、少しは役に立てただろうかとも考えている。

星野監督のような現実主義、功利主義の監督像を見るにつけ、「未来創造能力」によって長期政権を敷きプロ野球チームの強さと伝統を形づくってゆく、という理想との乖離を強く感じてしまうのである。

Chapter4

新戦力の見立て

～なぜ巨人は毎年外国人獲得に失敗するのか

「野村再生工場」の秘密

環境が人を変える、という。「野村再生工場」などと、たいそうな評価をいただいたが、私が移籍組に期待するのは「変化」である。

人間はだれでも「こんなはずじゃない」「生まれ変わりたい」「もっと違う自分になりたい」という願望を持っている。

つまり変化したいのだ。転居したり、転職したりという大きな転機もあるが、もっとささいな生活の一部分でも髪型を変えたり、部屋の模様替えをしたりするのは、人間に「変化を求める」願望があるからだろう。

プロ野球選手として行き詰まった。もう一度輝きを取り戻したい。そうした選手に対して、トレード、移籍は有効であるし、また戦力外通告を受けた選手にはハングリー精神が芽生えてくる。自分の能力を客観的にみつめ直し、これまでの野球人生を謙虚に振り返ることができる。

「思考が人生を決定する」というが、考え方が変われば、行動も変わるものだ。「再生工場」は、選手の生まれ変わりたいという願望を利用して、私のチームに必要な選手として生まれ変わってもらうことだった。トレードも大きな縁となるわけだ。

外国人で補強すべきは、日本人選手で埋めきれない部分である――読売

育成選手を含めて外国人投手10人、というのが2011年の巨人の陣容だった。外国人選手は、ドラフト、FA、トレードで埋めきれないポイントに限定したほうがよい、というのが私の考えだ。

「中心なき組織は機能しない」という、私が組織づくりの根本に据える原理原則からすれば、中心選手は日本人選手であることが望ましい。外国人選手で補うのは、日本人で埋めきれない長距離砲であったり、先発3、4番手の投手であったり、抑え投手であったりすればいい。

巨人の外国人投手陣には、そのすべてが求められているところがチームの苦境を示している。アルバラデホ、ロメロに抑えを、バニスター（開幕前に東日本大震災を理由に帰国）、トーレスには先発を任せようとした。

打者のライアルには、なぜ巨人に彼のような外国人内野手が必要なのか、という疑問が残る。「8番でいいから、守備だけはしっかりやれ」とポジションを与えられるような選手が、日本人の若手にいないとは思えないのだが。

新人選手と同じで「球が速い」「決め球となる変化球がある」「誰よりも遠くへ飛ばす」という視点で外国人を探さないから、毎年同じような選手が入団し、活躍せずに解雇するはめになるのだ。

ロッテ時代から斜陽傾向にあった小林宏——阪神

ロッテからFA宣言した小林宏を獲得したが、たとえメジャー志望がかなわなかったために救いの手を差しのべたとしても、もう少ししっかりとした調査ができなかったか。

小林は私が楽天監督当時から、打者に脅威を与えるような投球はできなくなっていた。昨年の日本シリーズで、ロッテが小林をストッパーから外し、内竜也ら若く球威のある投手を抜擢して日本一に輝いたことを考えれば、自明だった。そんな小林に、真弓明信監督は開幕から藤川球児の前を託した。このシーズンに限っていえば、久保田智之の球威は調子を取り戻している。それでも、真弓監督は「順番」にこだわった。直球とフォーク、スライダー。ほぼ同じ球種の組み合わせの投手の並びであれば、調子や能力を重視すべきで、名前にこだわるべきではない。監督の思考の「硬直」がチームを沈滞させてしまっている。

藤井彰人をFAで獲得したのは、守備専門の控え捕手をという点ではコストパフォーマンスにかなったものではないか。前述したが、阪神の投手が「藤井に受けてもらうと安心する」と話しているらしい。楽天時代の彼を知る私としては信じられないくらいだが、彼の股関節など肉体の柔軟さや捕球術が、後ろへ逸らさないという安心感を生むのだろう。

ポイントを絞った理想的な補強――中日

落合博満監督が、毎年オフに森繁和ヘッドコーチをドミニカ共和国のウインターリーグに派遣して、外国人獲得の継続的な調査をおこなっているのが大きい。

先発投手陣は極力ドラフトで、中継ぎも自前かまたはトレードで日本人投手を、守備の要も自前で育てる。こうしたチームづくりの基盤があるから、長距離砲に絞って外国人補強をおこなえる。ブランコにしても穴は大きいが、5、6番を任せるには十分な怖さを備えている。2011年のグスマンは開幕以降成績はサッパリだが、現状では4番を任せるような選手である必要もないから、ある程度時間をかけて能力を見極め、また日本流の打席での対応などを教え込んでいく余裕がある。

外国人獲得ルートはすばらしいが、まず日本人選手の底上げが必要——広島東洋

大リーグのドラフト全体1位だった投手を、広島が獲得する。外国人獲得のネットワークさえあれば、こうした補強も可能になることの証明だろう。今シーズンから加入して、いきなり4戦連続勝利を挙げたバリントンは、2002年の全米ドラフト全体1位指名だった。毎年1500人もの新人が指名されるドラフトで、「いの一番」に指名された投手だったというのだから驚く。

他球団の追随を許さない外国人獲得ルートの存在は大きい。しかし2010年まで13年

連続Bクラスに甘んじているのは、ほめられたものではない。

現状の広島には補強ポイントが多すぎて、1人や2人の外国人で賄いきれない。そこに弱小球団の大きな課題がある。前述の中日、これから触れるヤクルトなどとの、大きな違いである。

楽天は新規参入当初から、広島のチーム編成を参考にしているという。13年連続Bクラスの球団になにを学ぶというのか疑問でならなかったが、星野監督就任で大型補強路線に舵を切った。これも後で検証が必要だろう。

安めの中軸打者候補を競争させ、守護神に大金をつぎ込む――東京ヤクルト

チーム編成の際に重視されるのは、先発、抑え、中軸打者、と大きなポイントが3つある。だがそのうちひとつでも最初から不安がなければ、外国人やトレードでの補強は方針が立てやすくなるものだ。その典型例がヤクルトである。

先発ローテーションがほぼ確立されている。しかも生え抜きの日本人投手で構成されて

いる点が重要で、石川雅規、館山昌平、由規、村中恭兵と12球団ナンバーワンといってもいい顔ぶれがそろった。そのことが、球団として補強ポイントを明確にさせることになっている。残るは中軸を打てる大砲と抑え投手である。

2010年後半の追い込みに貢献したホワイトセルを4番ファーストに据え、3年目のガイエルと新加入のバレンティンとで外野を争わせた。小川淳司監督にとっても選択肢が明確で、もし不満であれば開幕後に新たな打者獲得を検討すればいい。いずれにしても3人とも大きな契約ではない。

だから最後に残った抑えに、ヤクルトとしては破格の大金をかけられることになる。林昌勇《イムチャンヨン》とは2011年から、新たに3年総額14億円超（2年7億5000万円、3年目は双方が合意した場合に延長できる）の大型契約を結んだ。林にしても2009年シーズンの獲得時には、右肩を痛めていたこともあり3000万円ほどで獲得している。

私は契約のプロではないが、現場を預かる者の視点でいえば、林への5年平均の人件費でみれば「ありがたいなあ」と感じることだろう。

キャプテンシーを持った選手を獲得できたのは大きい――横浜

渡辺直人が楽天から金銭トレードに出されたのには驚いた。松井稼頭央、岩村明憲を補強したとはいえ、二遊間の控えや代打、代走として十分使える選手だと思っていた。それだけに横浜にはいい補強だったろう。

右方向へ打てる、自己犠牲ができるタイプで、それに徹すれば結果が伴ってくる。しかし調子を崩してくるとバットのヘッドが下がり、打球を打ち上げることが多くなる。だから「練習からライナーを打て！」と厳しく指導したのだが、徹底できないことがある。常に二塁手の頭上を狙うイメージで打席に臨んでくれればいい。

また渡辺の長所はよく声が出ること、ベンチの中心になれる点だ。楽天からトレードが決まると、嶋基宏、草野大輔、鉄平らが契約交渉の席上で涙を流した。その人望こそが、彼の特質であって、ベンチの結束が感じられなかった横浜には必要な人材だろう。

明るさ、という点では日本ハムからＦＡ移籍した森本稀哲にもいえるのだが、故障が多いのが欠点だ。本来の右方向へのしつこい打撃に徹することが必要。ＦＡで移籍した以上、パフォーマンスや話題作りだけでなく、数字が求められることを自覚すべきだ。

ドラフト以外での補強も必要なのでは？――埼玉西武

新戦力がいない。2010年は2位に終わり、クライマックスシリーズでも3位ロッテの「下克上」を許しながら、外国人、トレード、FAと補強をいっさいせずに臨んだ。2010年は菊池雄星、2011年は大石達也と引き当てた渡辺久信監督のくじ運には感服するし、好打者、強打者が育つチームの伝統はある。しかしドラフト以外にチームを強くしようという意欲がみえない。

補強ポイントは中継ぎ、抑えとはっきりしているが、毎年のように終盤を抑えきれずに無用の敗戦を繰り返している。

この状況は他の選手、特に野手、先発投手が西武球団そのものに愛想を尽かす事態に陥りかねない。めぐりめぐってFA移籍などで戦力流出に拍車をかける事態となり、チームの弱体化になってはね返ってくるのではないか。

育成を捨て、補強のみで戦う球団の未来に注目――福岡ソフトバンク

前述の細川亨だけでなく、内川聖一が横浜からＦＡで加入し、さらにカブレラも獲得した。かつての巨人のような補強ぶりだが、最大の弱点だった捕手、故障が多い松中信彦、小久保裕紀が1年通じて働けない状況が続いていることを考慮すれば、厚みを持たせておくことは必要である。

ただし、補強と育成の両立ほど難しいものはない。生え抜きの新戦力が台頭する余地はまったくないといってよく、2年、3年後の著しい戦力低下は間違いない。その時に球団がどういう方針で臨むかだ。

昨年を「日本一」と考えるか「3位」と考えるか――千葉ロッテ

西岡剛の大リーグ移籍、小林宏のＦＡ移籍の穴をほとんど補強せずに臨んだ。抑え候補としてカルロス・ロサを開幕直後に加入させたくらいで、荻野貴司のショートへのコンバ

ートなど、基本的には生え抜き選手の底上げでしのごうとしている。

投手、野手とも知名度以上に質の高い選手がそろっているのは疑いないが、2010年シーズンは日本一になったとはいえ、レギュラーシーズンでは3位に甘んじたことを考えれば、勝てたオフほど補強すべきだった。だが、なにより現状では球団経営を優先しているというのであれば、戦力以上の成績を求めなければいいことだろう。

毎年のように「当たり」外国人選手を連れてくる――北海道日本ハム

伝統的に外国人選手の獲得に定評がある。今シーズンも、ホフパワーの加入が大きな戦力になっている。「長距離砲」も育てられるものではない。「遠くに飛ばす」のも天性の能力であるから、繋がりのある打線にとって、いいアクセントになったといえる。

年俸に見合わぬ余剰戦力をチーム内に残しておかないのも日本ハムの特徴である。大型連休中に高橋信二を金銭トレードで巨人に放出した。日本ハムにとってのトレードは選手補強というより、人件費調整の意味合いが強いので、大きな果実を生まないことが多い。

効果の薄いトレードばかりを繰り返す――オリックス

朴賛浩《パクチャンホ》、李承燁《イスンヨプ》、投打の韓国人コンビを加入させた。これは韓国国内での球団営業の側面が強く、放映権ビジネスで大きな利益を生んだと聞く。ビジターの楽天でさえ、オリックス戦の放映権を韓国のテレビ局に売って、5000万円ほどの収入を得たのだそうだ。

両者ともプロ野球選手としてのピークはとうにすぎているし、李にいたっては内角球が打てないという致命的な弱点が全球団に周知徹底されている。朴も実際に投球をみる限り、よく球を動かすものの、肝心の球威がないから相手打者によく見られてしまっている。開幕から1カ月持たずに両選手ともに2軍降格の憂き目にあったのも当然といえる。

また、オフから積極的なトレードを実施したが、戦力となっているのは寺原隼人くらいなものだ。寺原は横浜移籍の際にもトレード直後にはよく活躍した。問題は緊張感を維持できるかどうかだ。

他の面々は、相手が横浜で弱者間のトレードにすぎず、大きな戦力としては期待しにくい。本当にチームに足りない部分を補うトレードになっているのか、検証する必要がある。外国人とドラフトに全力を注いでいる日本ハムとは、あらゆる部分で対照的である。

岩村明憲の不振は必然、松井稼頭央は1番に固定すべき――東北楽天

星野仙一に監督が代わって、今シーズンから楽天は驚くほどの大型補強に乗りだした。星野監督は中日でも阪神でも、自らの采配や信念でチームを勝たせるわけではなく、球団に戦力を整えさせてから、勝負するタイプの監督である。補強なしに采配は振るえないと考えているのだろう。

野手で大リーグ帰りの岩村、松井を補強した。内野陣の強化というよりも、打力強化だったろう。ところが岩村は、開幕から極度の打撃不振に陥った。バッティングは大きく分けて回転運動型と重心移動型があるが、岩村は後者の重心移動型。中西太、若松勉の師弟ラインに指導されたことが大きな理由だろう。だが不振の岩村を見る限り、重心が定まらないまま始動している。これでは元大リーガーといえどもまともな数字を残せまい。もともと外見が派手な自己顕示欲の強いタイプ。楽天のような地域密着球団で、謙虚に自分をみつめ直しながら野球ができているとは思えない。

松井は一見、チームになじんでいるようにみえる。ただし、繋がりがなかなかみられない打線では、全盛期にみせた「足」が必要になる。1番、2番、3番と打順が変化してい

るようだが、松井を活かすなら1番に固定すべきではないか。

また、投手では抑え候補に金炳賢《キムビョンヒョン》、スパイアー、サンチェスと立て続けに獲得した。球団創設以来の弱点ではあるが、のべつまくなしの感がある。ひとりでも当たってくれれば、の気持ちなのだろう。球威、コントロール、変化球のバランスが悪いのが外国人投手の特徴なのだから、当たり外れはやむをえないにしても、外国人獲得に関する責任の所在は明らかにすべきだし、確たるルートが持てないのも疑問である。

Chapter5

打撃陣の見立て

〜私の現役時代と重なる、T—岡田の大不振

1年でも長く現役を続けるために

選手寿命が延びている。2011年シーズン、36歳以上の日本人選手は51人もいるという。われわれの頃に比べれば食生活も変わり、トレーニング法も確立し、さらにスポーツ医学も進歩してきたことが大きいのだろう。また、われわれの時代と大きく変わったのが遠征時の移動である。新幹線もジェット機もない時代に比べれば、野球に打ち込みやすい環境であることは想像に難くないだろう。

しかも最近は、テレビの地上波中継、ラジオ中継も減ってきた。これがレギュラークラスの選手といえども引退後の職探しの困難さを生んでいる。CS放送やローカル局の中継が増え、ほぼ全試合の放送があるといえ、出演料は安い。こと解説業に関しては「ワークシェアリング」と似た状況が起きている。

こんな状況だから、1年でも現役生活を長く続けたいというのが、選手の本音だろう。私はよく選手に「引退後の人生の方が長い。常に引退後の生活を考えて暮らすべきだ。1日たりとも現役選手でいられる時間を無駄にしてはならない。われわれから野球を取ったらなにも残らないのだから」と話してきた。

阪神・金本知憲、楽天・山﨑武司は同年齢の43歳シーズンだ。彼らは今後、どうやって選手生命を延ばしてゆくべきなのか。また巨人・坂本勇人や日本ハム・中田翔は、今後どのような努力を重ねるべきか。9つの守備位置と同じく、9つの打順にも、それぞれの役割と価値がある。年齢に応じて、打順に応じて、打者の仕事も変わってくるものだ。

長所も短所も似ている坂本勇人と長野久義——読売

巨人打線の近未来を支えるのは、いうまでもなく坂本勇人と長野久義である。原監督は2011年オープン戦で「1番長野、3番坂本」の新オーダーを試した。「近未来打線」と命名したのは、将来はこのオーダーで、という決意表明だったのだろう。

しかし、このオーダーには異論がある。坂本と長野は、長所だけでなく、短所も似通っているからだ。彼らの長所は①足が速い、②内角に強く詰まっての凡打が少ないことだ。長野の場合、ベースから下がって立つために「内角が弱い」と誤解されがちだが、実際には「内角ボールゾーンの直球が苦手」であるだけで、ベース上の内角であれば難なく長打にしてしまう。

共通する短所は、「積極性の誤解」である。初球から積極的に打ちにいく。聞こえはいいが、走者やアウトカウント、イニング、得点差といった試合状況や、球種、コースに構わず初球から「来た球を打つ」という姿勢に徹している。好調の波に乗っていれば、ポンポンと安打が連続して出るだろう。しかし下降線にある時にこうした姿勢だけで臨めば、淡白な凡退を続けているようにみえてしまい、チームのムードを悪くする。実際に、2010年シーズンは中盤以降、坂本が「ポップフライ病」に陥り、巨人は首位から3位まで後退してリーグ4連覇を逃してしまった。

長野も、基本的には「来た球を打つ」タイプ。それでも坂本に比べれば、命じられれば待球もできる。また右方向へ打ち返そうという意識も高い。野球とは状況判断が連続するスポーツである。打者は1球ごとに変化する状況を把握し、自分がなにをなすべきか判断し、決断してバットを振る。引っ張るのか流すのか、長打狙いか短打でいいのか。または打たずに球数をかけさせるのか、なにがなんでも出塁するのか、進塁させるのか。坂本と長野は、こうした状況判断を早く学ばなければならない。

端的にいえば、「初球からなんでもいく」ではなく、「初球から『タイミングが合えば』

なんでもいく」と思考回路を変換することだ。監督は適材適所で打順を決めるものだ。現状では、坂本は1番のままか6、7番。長野は3番か6番といったところだろう。ただ走者を返せばいい、という場面はいつもあるわけではないし、原監督も坂本と長野にそんな打撃を望みはしないだろう。状況判断を若いうちに身につけ、打席で習慣とすることができれば、いずれ経験が積み重なって、身体が自然に動くようになる。

伝統ある「巨人の4番」とは、代々そういう打撃ができる者が受け継いできたのだと私は考えている。ふたりの姿勢をみていると、野球は「団体競技」であるのに「個人競技」であるかのように伝わってくる。「3割を打つことがチームに貢献しているのだ」という考えにみえて仕方ない。「子どもをみれば親がわかる」というように「選手をみれば監督がわかる」のだ。

言動、そして打撃も変わってきた中田翔――北海道日本ハム

中田翔が、ついに開花のときを迎えたようだ。

江本孟紀がよく私に、「昔から、高校出の選手ほど派手なスーツを着るんですよね。裏地に虎の刺繍があったり。アクセサリーも派手で、キンキラの時計やネックレス、指輪をつけたり。監督もそうですよね」と冷やかしてくる。

確かにいわれてみれば、大卒の杉浦忠らがシックでスマートなスーツを着こなしたりしていたし、長嶋茂雄も言動は派手だが着るもの、つけているものは地味だった。逆に金田正一《まさいち》さんはじめ高校からプロ入りした選手は私服も派手だった。かくいう私は高校出で、虎の裏地は着ないが、光るものは好きで時計集めが趣味でもあるし、「なるほどな」と江本に反論できない。

まさにプロ入り直後の中田にはそうした傾向が見られて、奇抜な髪型や、髪の色を染めてきたりしていた。稲葉篤紀らに叱られたこともあったようだし、なによりグラウンド上での練習態度などが悪く、梨田監督に幾度となく2軍落ちを命じられたりしていた。また、敬語が使えない、漢字を知らない、などの噂もよく耳にしていた。

若手が打てないのは「プロの壁」とひと言で片づけられてしまいがちだが、私はそれだけとは思わない。要するにまだなんの結果も残す前から、外見だけはプロになろうとする。子どもが格好だけ大人のマネをするようなもので、中身が伴わないから無理をする。

打席でも、「次はストレート」と勝手に決めつけたようなスイングをして三振をし、「狙った球が来なかった」などと幼稚な言い訳をする。「なぜストレートが来なかったのか」「どうして変化球に対応できなかったか」という原因究明こそ、プロ野球選手としての成長を促すものであるのに、外見の派手さに溺れるばかりで謙虚さが足りないのである。

こうした中田の言動が、昨年半ばから変わってきた。「打てなくてもチャンスをもらえてありがたいです。チームが勝つようなバッティングがしたいです」などと、しっかりした言葉遣いで、内容も明確に話すようになってきた。髪も黒く短髪で、ヘルメットのペットマークが黒く汚れているようなこともなくなってきた。

不思議なことに、そうした姿勢は野球にも表れてくるものだ。札幌ドームで楽天・岩隈久志から本塁打を打った試合では、直前に左へ大ファウルを放った。「あのファウルの軌道を頭に残していたら、また体が開いてしまう。だから右方向を意識して、体を開かずに強く振ることを心がけました」と、試合後に話していたのを聞いた。中田はファウルの次の球をセンターバックスクリーンに打ち返して決勝ホームランとしていたのである。

バッティングの極意とは、「謙虚に備えて素直に打ち返す」ことに尽きる。なぜ90度に広がるフェアゾーンに打ち返せず、ファウルになってしまったのか。次の投球までの十数秒の間に、中田は謙虚に考え直したのだろう。そして強引にならずに素直にセンターから右方向へ打ち返した結果が、バックスクリーンへのホームランになった。

好投手、好打者ほど自己修正能力が高い。中田をこの一打だけで評価することは時期尚早だ。それでも今後さらに成長する可能性と素質を秘めた選手であることだけは、疑いない。まさに「失敗と書いて成長と読む」である。

今は殴り返されている状況のT—岡田——オリックス

2010年に「ノーステップ打法」で本塁打王まで獲得してしまったT—岡田は、2011年、打率が上がらずに苦労している。岡田彰布監督は「なんでもかんでも振りやがって。100本打つなら許すが」と不満をぶちまけたそうだ。

私自身も、プロ入り4年目に本塁打王を獲得できた。南海へのテスト入団はブルペン捕手での採用で、自己流の練習が認められて、巡ってきたチャンスをものにしたわけで、T—岡田もそうだったのかもしれないが、夢でも見ているうちに、タイトルが獲れてしまった。そしてそこから地獄の苦しみを味わった。

打てないどころか、バットに思うように球が当たらない。仕留めた、と思ったはずの球に詰まる。こんなジレンマが続いたある日、ロッカーで頭を抱えていると、先輩が声をかけてくれた。「野村よ、殴ったほうは殴ったことすら忘れていても、殴られた人間は痛みを忘れんもんやで」。

つまり、打たれた投手はこれ以上打たれまいと、私の打撃を分析して、弱点ばかりを攻めてきていたということだ。私もまた、殴り返されていた。プロとしての勝負は、一時的にでも結果を残した、その先にあるというのだ。

まさにT―岡田の2011年は、私の1958年の苦しみ（打率2割5分3厘、21本塁打、79打点）と同じだ。もう、おいそれとホームランにできる球など投げてきてくれない。ノーステップで打つのは、回転を意識し、さらに視点を一定にすることで、高低のブレに対応するためだったろうが、今シーズンは左右、高低、緩急を駆使して、立体的に攻められることだろう。

私自身は、それを乗り越えるには「読み」しかない、と考えた。だから当時、査定担当のスコアラーだった尾張久次さんに、相手投手の配球をつけてもらって次回対戦の参考にした。報道やテレビ中継でも最近おなじみとなった「配球チャート」である。初めは内、外、高、低の4分割、さらにそれぞれに真ん中が加わって9分割になった。

それまでの私は、カウントが0―0から3―2まで12種類あることさえ知らなかった。そして内角には絶対に来ないカウント（すなわち投手不利のカウントで、2ボール0ストライク、3ボール1ストライクなど）があることを知り、その場合にどの球種が来ることが多いか、と投手ごとの傾向を探って、打席でその球種を狙うことを学んだ。

T―岡田は技術的にもまだ成長途上だし、打席での読みなどゼロに等しい。しかしまだ一度殴り、殴り返されただけなのだから、悲観することもない。ただ努力すればいいだけだ。もちろん努力は一番困難なのだが、再び殴り返さなければ、本物のプロ野球選手には決してなれない。

私はといえば「データ」という言葉すら聞いたことのない時代に、先輩のひと言で「傾向を調べてみよう」と思い立ち、あらゆる角度から傾向を調べてみたら、どんどん興味が広がっていった。これがデータ収集のはじまりである。

監督が中心選手に期待することとは ――東京ヤクルト

バッターにとって「無駄な安打」など1本もないのだが、監督にとっては「安打多くして得点少なし」では困りものである。中心打者であればあるほど、チームの勝利につながるバッティングをしてほしい。出塁する、進塁させる、返す。得点に絡むバッティングをより多くこなしてこそ、チームの中心たりえるのだ。

青木宣親は、本当にヤクルトの中心打者といえるだろうか。2004年から8シーズン、通算3割3分以上の高打率を残し、二度の200安打以上を記録して、日本を代表する安打製造機として評価を得ながらも、一度もチームを優勝に導いたことがない。もちろん野球はひとりでやるものではないから、それは青木ひとりの責任ではない。それでも、日本一の好打者、巧打者としての真価は、チームの勝利とともにあるべきだ。

南海時代、私の発奮材料になったのは、鶴岡一人監督からのこんなひと言だった。いつもは球場の廊下ですれ違っても「おはようございます」「おう」、の挨拶だけなのに、ある日、すれ違いざまにいわれたのだ。

「おい、お前は二流はよう打つけど一流は打てんのう」。「一流」とは西鉄・稲尾和久のことをいっているのだろう、とすぐピンときた。実際に稲尾のスライダー、シュートに手を焼き、打てないままだったからである。やはり、監督にもそんなイメージでとらえられていたのかと思うと、若くして本塁打王を獲得したプライドも吹き飛んでしまい、ボロボロに傷ついたことを覚えている。

選手はどうしても、シーズントータルでの数字、例えば3割、30本を目標にしてしまいがちだ。だから「きょう打てなかったら、あした2本打てばいい」と、安易に考えてしまう。特にアベレージヒッターの場合はそうだろう。しかし監督の考えは違う。

中心打者には、エースを打ち崩してチャンスメークをしてほしい。4番バッターは、ここぞという場面で打点を挙げてくれればいい。ただ勝つだけではなく、エースを打ち崩して勝つ。それは単なる1勝ではなく、将来にわたって、打者には攻略したという自信、相手投手には不安となって、何勝ぶんもの「無形の力」をチームに与えてくれるからだ。

安物の投手はよく打つのに、一流は打てない。監督という仕事の性質を初めて理解したと同時に、「このやろう、絶対に稲尾を打ってやる」という気持ちになった。そこでテッド・ウィリアムズの『打撃論』を読んで、「投手には必ずクセがある」ということを知り、打撃に応用していったのだ。

私が監督としてチームを率いて以来、ヤクルトには「チーム優先主義」の美風があると信じたい。当時を知る選手は宮本慎也ただひとりになってしまったが、読み、狙い、自己犠牲を核とした宮本のバッティングは、2011年シーズンもチームに大きく貢献し、また宮本自身も一歩また一歩と2000安打に近づいている。

青木が一流を打てない、とはいわない。しかし、エース級に対していとも簡単に早いカウントから打って出て、内野ゴロ、平凡なフライを打って引き下がる場面を目にすると、「チーム優先主義」を感じない。苦境にあってチームを鼓舞する出塁、走塁、下位打線が作ったチャンスをきっちり返す勝負強さ。これらと縁遠い場所でプレーするならば、野球は団体競技として成立していけなくなると危惧しているのだ。

野球は「筋書きのないドラマ」という。ドラマは主役と脇役とで成り立っている。1、2番打者は「クリーンアップにつなげる」「相手投手のその日の調子、配球を主力打者に見せてやる」という役目も背負っていることも忘れてはならない。「初球から積極的に打っていってよい」か「ここは待球主義でいったほうがよい」かの判断くらいは、プロ打者なら常識として知っていてもらいたい。

相手から見て、待たれることが嫌な場面もあることを知っておくべきだ。「判断」には必ず「判断材料」がある。常に状況判断をきちんとやるべきである。

弱点は克服したつもりでも、極限状態になれば顔を出す――中日

「チーム優先主義」をフルスイングで実践している数少ない選手のひとりに、和田一浩がいる。彼の強みは「内角が苦手」でありながら、それを見事に克服した点だ。

若いころの和田は「内角球は狙っても安打にできない」タイプの打者だった。相手バッテリーから見れば、内角に投げてさえおけば、ファウルや空振りでカウントを稼げる。本人もそれを自覚して、打撃改良に取り組んできたのだろう。具体的には、バットを体に巻き付けながら、鋭く回転することを体にしみ込ませた。だから左翼ポール際へ、ファウルゾーンへ切れないように、一直線に打球を運んでいける。

落合博満監督が、コーチ任せにせず、自ら手を加えて打撃指導をしている。落合は「コーチが指導するよりも、オレが指導したほうがいいバッターもいるんです。オレは現実に数字を残しているから、よく数字を残している選手ほど、コーチがいうより、オレがいっ

たほうが話を聞く」と話していたが、和田はそのひとりなのだろう。

しかし、努力によって内角打ちを克服した和田でも、2010年の日本シリーズのような、プレーヤーとして極限状況におかれると、「かつての自分」が顔を出す。この日本シリーズでは、チャンスで再三、内角球で打ち取られる場面が目についた。極限状況で力んでしまい、克服したはずの悪い癖が顔を出しただけのことだ。これによって和田の評価が下がるわけではなく、それほどバッティングは難しいということである。

村田修一の全力疾走はチームを変えられるか――横浜

内川聖一はFA移籍したが、4番の村田修一は残留した。この村田も「帳尻合わせ」のようなバッティングで二度も本塁打王を獲得した。

しかし3年連続最下位の現状に、2011年は、自ら全力疾走、チーム打撃を心がけて「4番、キャプテン」の重圧を引き受けている。長距離打者でありながら、内角直球を仕留められず、また直球を狙っているのにファウルになったり、詰まったり、とおよそ長距離砲らしくないバッティングをするから、なんとも勝負弱いイメージが定着していた。つまりこれまでは、4番のイメージとチーム状況が悪い意味で一致していた。

ところが2011年の村田には、頭角を現しはじめたころのような、右方向への力強い本塁打や、1点や出塁を泥くさくめざすような軽打がみられるようになった。また、ソフトバンク・杉内俊哉、楽天・田中将大といった一流投手を率先して打ち崩している。

地位が人を作る、という。村田の緊張感がシーズン通じて継続するようなことがあれば、万年最下位の横浜自体が変わっていくかも知れない。

悪いのは金本知憲ではなく周囲の人間――阪神

人間は3人の友を持てという。すなわち「原理、原則を教えてくれる友」「直言してくれる友」「師と呼べる友」である。金本知憲には、「直言してくれる友」がいなかったのかもしれない。

1492試合連続フルイニング出場、1766試合連続出場は、大変な記録である。試合に出続けるには、相応の成績を残して周囲を納得させなければならない。金本は、競争に勝ち、4番としてチームの勝利に貢献して試合出場を続けてきた。それだけに、昨年もっと早い時期にこの記録を止めさせておくべきだったと残念に思う。

プロ野球選手は、それぞれ親からもらった天性があってプロの世界に入ってくる。だが老いや衰えは避けて通れない。敵、味方、すべて相手があって成り立つのがスポーツだから、自らの衰えを自覚し、その上で後進との争いに勝ち続けているかぎりは、プロとしてやっていける。

金本もまだ、そのバッティングでチームに貢献することはできる。しかし昨年、肩を痛めた後の守備に関しては、プロのレベルを維持できていないのが現実だ。全力投球しても30〜40メートルしか投げられないのではないか。レフト定位置からダッシュでゴロを捕球し、ノーバウンドで捕手へバックホームすることは不可能なようだ。これではチームにとってマイナスになることがあっても、決してプラスにはならない。

打撃でも、内角直球に詰まることが多くなってきた。「とらえた」と思っても詰まる。これがバッティングにおける老化現象で、私も40歳くらいからこの現象と闘っていた。バットを極端に短く持って、速球派の山口高志らに対したものだ。「プライドは?・」とよく聞かれたものだが、プロフェッショナルであり続けたいと願っている以上、野球人生にマイナスになるプライドなど、「安物のプライドでしかない」と割り切った。

引退後つくづく思ったのは、「プライドとは、コントロールできて初めてプライドたりうる」ということだ。プロ野球選手であり続けたいならば、安物のプライドを捨て、勝利のために貢献できる道を探るべきだ。

金本の打席での存在感、威圧感は、無理して守備に就かなくても、投手にとって脅威であることは間違いない。そして、こうしたことを「直言できる友（球団、監督、コーチ）」がいないことが、阪神にとって最大の問題なのである。

限界を知り、それを超えるのがプロである――東北楽天

山﨑武司は、金本と1968年生まれの同い年である。山﨑は高校から、金本は大学から、とプロ入りの経緯は異なっている。山﨑が1996年に本塁打王となって先にプロで認められ、金本は2000年に「トリプルスリー」（3割30本30盗塁）を達成して屈指の選

手に成長した。

その後は金本が阪神にＦＡ移籍後２度の優勝に貢献して存在感を高めた。一方の山﨑は２００２年に中日をトレードで出され、放出先のオリックスも２００４年に解雇された。ここで山﨑のプロ野球人生が終われば、両者の野球人生は光と影のコントラストを描くことになっていたはずだ。

ところが山﨑は、戦力外後に拾われた楽天で輝きを取り戻した。私が監督になった２年目の２００７年、43本塁打、１０８打点で２冠を獲得した。２００９年にも39本塁打、１０７打点で、球団を初のクライマックスシリーズへ導く立役者になった。43歳シーズンとなった２０１１年も「４番ファースト」でグラウンドに立つ。下降線の金本に対して、山﨑は実力をキープしているようにみえる。

プロの世界とは、「限界から先にある」世界だと私は思う。まず、限界を知ること。これが難しい。なぜなら、一度自分を丸裸にして、自己をみつめ直すことから始めなければならないからだ。

例えば、プロ野球の打者は「３割打てば一流」という世界だが、能力だけでは２割５分、２割６分しか打てなくなってくる。年齢を考えれば、これが限界だろう、と周囲は思っている。しかし当の本人は「今年はケガも多かったし、調子が出なかっただけだ」と自分を慰めてしまう。これが人間の弱さである。

バッティングは7、8割が「打つ前の備え」で決まるというのが、私の経験から出た考えである。楽天で初めて山﨑に接した当初は、彼も限界を認めようとしない弱さを持っていた。左投手に対して、タイミングを取れないことが多い。それ以上に、常に直球にタイミングを合わせて、変化球に対応するという打者の理想形ばかり追い求めていた。バッターボックスに入って、自分が持っている技術だけで打とうとする。相手バッテリーの配球など考えもしない。だからいつも相手の思うツボにはまり、数字は伸びず、チャンスに打てなかった。初球の変化球を直球のタイミングのまま振りにいって空振り。内角直球の誘い球に手を出してファウル。追い込まれても落ちる球に対応できず三振。これが関の山である。

聞けば、「打席で頭を使う、読むなどしたこともない」という。「お前のようなホームランバッターに、初球から真ん中の真っ直ぐでストライクを取りにくるはずがないやろ！うぬぼれていいのは、強打者の特権や。お前は特権を持っているんやから、カウントによって『読み』を入れてみろ。相手はお前が打席に入ってくれば当然ホームランを警戒する。

そこから発想していけば、答えは簡単だろ」。初球から相手のウイニングショットを狙う。この繰り返しの中から、山﨑はコツをつかんだのだろう。

打てずに落ち込む。そこで自分は限界を知るのだが、その限界を超えるためのヒントを、私は与えただけだ。また、山﨑はソフトバンク和田毅の直球にタイミングが合わず、天敵といってよかったが、始動の直後に一瞬バットを寝かせて、遠回りさせ、投球にタイミングを合わせる、といった工夫も始めた。40歳をすぎて、ようやく限界を超える楽しみを知ったようだ。考え方が取り組み方になる。山﨑はその重要性を知ったからこそ、選手寿命が延びたのだと私は考えている。

スター不在でも輝ける「つないで、勝つ」野球――千葉ロッテ

2010年の日本一は、ロッテの打者が久しぶりに「つなぎの意識」を取り戻したことにあったのだろう。前任監督のボビー・バレンタインがさんざん球団を引っかき回した結果、しらけムードが漂っていた選手たちが、「勝つ野球をしたい」という欲求に素直に反応

したことが大きかったろう。

ロッテの打者の優れている点は、基本的には直球のタイミングで待ちながら、チャンスとみるや、右方向や左方向へと決めて打ちにかかったり、球種を絞ったり、といった工夫ができることだ。井口資仁、サブローの右方向への狙いすましたバッティングは円熟味を感じさせるし、チャンスでの今江の思いきりのいいスイングがそれを証明している。

こうしたチームには、かえってスター不在のほうがいいのかもしれない。

生え抜きを育て、芯の通った攻撃をみせる——埼玉西武

生え抜きの中心打者を育て続けているのが西武の特徴である。中島裕之、中村剛也といった中心打者、片岡易之、栗山巧ら脇役、常にドラフト指名の生え抜き選手がチームの中核を成す。石毛宏典、辻発彦、秋山幸二、清原和博、伊東勤……と、生え抜きでチーム編成する伝統は、かつての優秀なスカウト網が活かされている証拠である。

2004年、私は社会人シダックスの監督をしていた。東京ガスとの試合で、相手のシ

ョートの俊足巧打、そして堅実な守備に目を奪われた。「あいつは間違いなくプロでメシを食っていけるなあ」。周りのコーチに話すと、「もう西武に行くことが決まっていますよ」と返ってきた。片岡易之だった。片岡は入団1年目の翌2005年から二塁手として出場を重ね、2年目には定位置を奪ってしまった。

中島、中村の3、4番だけでなく、脇役も含めて適材適所の打線を作ることができる。これは、チームの穴を知り、そこを埋めるべく、適性を持った選手を探して、チームの適材適所に当てはめていく、という方針が徹底されてきたからだろう。かつてのように常勝、とはいかなくなったが、かといって低迷もないのは、チームの基盤にしっかりとした芯が通っているからだ。

まるで個人競技のような野球——福岡ソフトバンク

好打者がそろっている。しかし、組織として機能しない。楽天監督当時から、ソフトバンクの投手陣には脅威を感じていても、打撃陣にはそれほどの恐怖感は感じなかった。よく、王前監督にメンバー交換で楽天のオーダー用紙を手渡す際に、「はいよ、9人で年俸は松中（信彦）ひとり分」と年俸格安のラインアップを手渡していたが、実際にはそれほどの実力差を感じなかった。

というのは、ロッテや西武と異なり、ソフトバンク打線が組織的な投手攻略をすることがなかったからだ。足のある川崎宗則、本多雄一。長打力のある松中、小久保裕紀、多村仁志ら、タレントはそろっているものの、自分の能力でしか野球をしない。まるで個人競技のようだったからである。投手にしてみれば、失投しないかぎり、同じパターンで打ち取っていける。

だからソフトバンクが短期決戦に弱い、というのも私なりに納得できた。短期決戦では実力のある投手から登板してくるのだから、ただ漫然と、自分のバッティングに徹していては連打は生まれない。2009年のクライマックスシリーズで楽天がソフトバンクを破ったときにも、岩隈久志、田中将大なら取られても3点まで、と計算ができた。

大舞台になるほど勢いだけで勝ちぬくことは難しくなり、だからこそ相手の弱点や隙を突く意識が必要なのだが、ソフトバンクは横綱相撲しか取れない。打線の意識改革がなければ、今後も何度でも同じ失敗を繰り返すだろう。

個人の調子に左右される、まだまだ未熟な打線――広島東洋

２０１１年シーズン、広島打線は久しぶりに好発進した。打線の好調が大きかったろう。江藤智に始まり、金本知憲、新井貴浩と、４番打者がＦＡで他球団に流出する事態が相次いで、貧乏球団の悲哀を味わい続けた。広島の球団経営が現状維持であるかぎり、今後も同様の事態は続くだろう。

だが残念ながら現在の広島に、それだけの選手はいない。今シーズンでいえば梵英心、広瀬純といった、好調選手の存在がチーム状態を上向かせているだけで、これまでにも嶋重宣が首位打者を獲得した年があったりしたし、個人の成績がチームのつながりに昇華していかない状況が続いている。

野村謙二郎監督は、メジャーからも評価を受ける名遊撃手だったが、カープ一筋でよく練習する伝統を受け継いでいる。ＦＡ流出は現場の責任ではない。１９９０年代前半までの黄金時代のように、個人記録がチーム成績に結びつくような、臨機応変のチームマネジメントを心がけるべきだ。

Chapter6

投手陣の見立て

～攝津正の配置転換は、先発陣に刺激を与える

投手こそ主演俳優である

2011年のプロ野球は、投手が圧倒的な数字を残す「特異なシーズン」として歴史に残るかもしれない。5月を終えても10人以上もの防御率1点台投手（規定回数到達者）がいるのは、異常といっていい。

最大の要因は、このシーズンから導入された12球団の統一球である。素材を変えるなどして、従来のものより「1メートル」飛ばないとされたボールだが、実際には5～10メートル飛距離を縮めたのではないか。これによって投手の心理的負担は著しく軽減された。「間違えないかぎり、ホームランはない」と気持ちを楽にしてマウンドに立つことができるのだ。

とはいえ、著しい「投高打低」の傾向が、何年も続くとはかぎらない。先にも書いたが、打者は4時間でも5時間でも打ち込みを続けられるものだ。いずれは飛ばないボールにも対処してくるだろう。

それでも、現在のプロ野球は一級品の好投手が百花繚乱の活況を呈している。日本ハム・ダルビッシュ有が先頭を走り、他の好投手たちを牽引している。ワールド・ベースボール・クラシック（ＷＢＣ）で連覇を果たし、大リーグのトップレベルのバッターと真剣勝負を重ねることで、日本投手全体が手にした自信もあったろう。ダルビッシュが近い将来、大リーグに挑戦したとしても、日本プロ野球の投手のレベル低下を心配する必要はないだろう。

だからこそ、優れた投手たちに、チームを牽引する自覚を持ってほしい。野球は打者側を攻撃、と呼ぶが、私の考えは異なる。ボールを投げなければ野球は始まらない、という意味では、「投手こそが攻撃側」なのである。ストライクゾーン、ボールゾーンを自在に操り、直球と変化球を織り交ぜながら、打者を攻撃できる。これが投手である。

一方の打者は、自分がヒットにできるヒッティングゾーンを頑《かたく》なに「守る」必要がある。自分のゾーンを守り、いかに投手の投球＝攻撃に対して自分のタイミングで打ち返すことができるか。

だから投手こそ、野球を面白くもつまらなくもする主演俳優なのである。エースと呼ばれる人間は「1試合マウンドに立っていてこそ」チームのために働いたことになる。そのためにすべき努力とは何か。努力の方向性を間違えてはいけない。

私が田中将大を「神の子」と呼んだ理由——東北楽天

2011年シーズン、田中将大は、岩隈久志にかわりエースの座につくことになるはずだ。東日本大震災の被災チーム、楽天のエースとしての自覚が彼を一層成長させたのかもしれない。マウンド上での気迫は、デビュー当初からの特徴だったが、当初は血気盛んであるがゆえに、気持ちのコントロールが難しかった。

だが今シーズン、甲子園での楽天主催開幕戦となった先発登板で、成長が見てとれた。僅差の場面で二塁にランナーを背負っても、しっかりと目で走者を制し、なおかつクイックで投げられていた姿をみるにつけ、エースらしい冷静沈着さを備えてきたな、と感じたものだ。

昨年までの田中には、「教育を間違えたかな」と反省する部分があった。1年目に11勝を挙げて新人王を獲得した翌2008年に「直球の球威にこだわりたい」というのを認めてしまったことが原因だったかもしれない。上体頼みの力んだフォームになってしまった。オ彼は北京オリンピックの代表に選ばれていたが、その直前に右ひじを痛めてしまった。オリンピックにはなんとか出場できたものの、大事な2年目のシーズンは、田中にとって遠回りになったのではないか、という後悔である。

「マー君、神の子、不思議の子」。私がこう名付けたのは、先制を許しても味方が追いついたり、リードを許して降板しても逆転勝ちしたり、という試合が続いたからだ。田中は入団時すでに、水準以上のストレートと、プロでもトップレベルだったスライダーという、投球の軸となる球種を備えていた。だからたとえ先制されても連打、四球で大量失点、という崩れ方はせず、テンポもよかったので味方の援護を得られた。同期入団の永井怜が、水準以上のカーブを持っていながら間合いが長く、それが攻撃にも影響してしまい、援護が少なかったのと対照的だった。

つまり「神の子」には、しっかりした裏付けがあった。私が「教育を間違えた」のは、2年目に球威を追求させてしまい、好投手の第一条件として最重要視している「原点能力」を磨くことを後回しにしたことだった。

前述のとおり「原点能力」とは、投球の原点といえる外角低めストレートの制球力のことだ。外角低めストレートでいつでもストライクが取れること。打っても凡打、間違っても本塁打はない。このコースへの制球力は投球の組み立ての基本である。捕手は「困ったら原点」という配球ができ、ボール先行のカウントでも間違いなくストライクが稼げれば、投手にとってこれほど精神的に楽なことはない。

1999年にプロの門をくぐった上原浩治と松坂大輔。両者の決定的な違いは、まさにこの原点能力にある。松坂は大リーグでも制球難を指摘される。原点能力が低いために、ピンチで甘く入った直球を痛打されたり、捕手が困って変化球頼みになったところを狙い打たれる。大量失点でKOを食う場面があまりに多い。

一方の上原は、役割こそリリーフに転向したが、原点能力は巨人時代から高かった。上原は内角を思い切って突く精神力と制球力に優れているため、困った場面でも「インハイ&アウトロー」の相対性に基づいた投球で、窮地を乗りきることができる。

私が「球速は単なる見かけの数字でしかない。大切なのは切れとコントロールだ」と口を酸っぱくしていうのは、まさにその点だ。田中にもやはり、長年の経験から得たセオリーを伝えるべきだった。教育を間違えたのは、まさにその点である。

やや遠回りした田中だが、2010年途中から、力みの抜けたフォームで投げられるようになり、糸を引くようなキレのいいストレートを手に入れた。それに伴って「原点能力」が高まった。従来のスライダー、さらにプロ入り後に精度が高まったスプリット（握りの浅いフォーク）との組み合わせがより効果的になった。これが急成長の理由である。

あえて今後の田中に注文をつけるとすれば、「お陰様」の謙虚さを持つことではないか。「自分の力でここまでやってこられました」と話すのを聞いたことがある。投手は「オレが」の生き物であるとはいえ、彼がここまで成長できたのには、多くの人の支えがあったからこそだ。少しでも傲慢になれば、今後の成長の妨げになる。今回の震災を経て、田中にかぎらず楽天のだれもが「野球ができる幸せ。仙台の人々の温かさに支えられている感謝」を感じただろう。それが田中を大きく成長させると信じたい。そのためには田中が感謝と謙虚をいつまでも忘れないことである。

「人間の最大の悪はなんであるか。それは鈍感である」といった人がいた。まさにそのとおりで、プロの世界で生き残っていくための武器は「思考」と「感性」、すなわち考える力と感じる力である。

先発投手の「内面的要素」を鍛えるべき――読売

私はよく「エースと4番は育てられない」というが、もしかしたら「エースは探してくるもの」と誤解されているかもしれない。球が速い、というのは天性だ。そのほかにエースとしての体力、技術といった外面的要素がある。そしてそれ以上に私が重視するのは「内面的要素」である。

内面的要素には大きく分けて4つある。①投手は野球の主役である、という強い自意識。先発投手が勝負に対して七、八割の影響力を持っている。②常に打者に対して挑戦的な態度で投げられるか。大胆かつ細心、という言葉があるが、投手にとってまず大切なのは大胆さを生む「打てるものなら打ってみろ」という、うぬぼれに近い自尊心である。③コンディション調整法を知ること。④投球の組み立てに気を配る頭脳。この③、④は細心さを司るものだ。

巨人には生え抜きエースが育ってこない。内海哲也、東野峻が左右の両看板だという。だが他球団のエースたちと比較してどうだろうか？　日本ハム・ダルビッシュ有や楽天・岩隈久志、ソフトバンク・杉内俊哉らのように、ベンチが「内海なら勝ってくれるだろう」「東野で負けたら仕方がない」と安心して試合を任せられる投手かといえば、いつまで経ってもその域に達しない。

巨人にエースが育たないのは、技術、体力以前の「内面的要素」の問題ではないか、と考えている。内面的要素は、簡単に教え込むことはできない。しかしこればかりは、首脳陣が口を酸っぱくして指摘し続けてやるほかはない。精神論ではなく、意識改革であることを自覚してほしい。

前田健太の活躍で見直されるべきカーブの価値 ――広島東洋

「古くて新しい球種」が見直されているのはいいことだ。かつての「カーブ、シュートの時代」から、「フォーク、スライダーの時代」へと変化球の流行は推移し、現在は「カットボール、ツーシーム」すなわち小さく直球系のボールを動かす投手が多くなりつつある。

その中でカーブが見直されてきたのは、直球系の球種が多くなったために、緩急、すなわち時差を生じさせることでバッターのタイミングを外すことが重要に感じられてきたからだろう。かつて金田正一さん、堀内恒夫らが投げていた大きく縦に割れるカーブ（ドロップ）は少なくなった。だが打者もカーブ打ちが下手になった。少年野球でひじを痛めるから、とカーブが禁止されたためではないか、と考えている。だからなおさら、現代野球にカーブは有効になった。

その使い手のひとりが前田健太で、柔軟な身体を駆使してカーブを投げ込んでくる。2010年シーズンはセ・リーグの投手三冠（勝利、防御率、奪三振）を独占し、沢村賞まで手にした。

前田健にとっての正念場は2011、2012年にあるだろう。なにしろ規定投球回に達したのはまだ2度、2けた勝利も2010年の一度だけ。あまりに早くすべてを手に入れてしまった感があるからだ。

もちろん、勝ち続けられるだけの外面的要素も内面的要素も備えているし、球界を代表するエースのひとりに成長するだろうが、継続してこそのプロである。1年だけの突出した成績で軽々に評価を下すべきではないだろう。

フロントと現場が一体となったエース育成術――東京ヤクルト

生え抜きエースが育つ、という点では、巨人もヤクルトを羨んでいるだろう。前述したように、ヤクルトはドラフトで投手中心の指名を繰り返してきた。私が監督を務めていた１９９８年までも常にそう要望してきたし、２０００年以降では２００６年の武内晋一（希望枠）を除き、すべてのドラフトで１位（希望枠も含む）で投手を指名していることだ。

その基本姿勢は「エースは育てられない」という、私の信念に沿っている。ドラフトでできれば高校生の好素材を獲得し、数年かけて中心投手に育て上げる。フロントと現場が一体となった姿勢が必要で、現在のヤクルトでその結晶となっているのが由規であり、村中恭兵だろう。

由規、村中、増渕竜義らには速い球と秀でた変化球があり、先発投手としての外面的要素を備えている。今後は内面的要素を高めていくことが必要だ。ネット裏からは、まだ気持ちが優しすぎるきらいがあり、勝負への執着心が足りない、とみえることがある。

方程式に固執しすぎて自滅することもしばしば――阪神

野球に方程式はない。

投手分業の走りを作った私がいうのもなんだが、これは事実である。南海で、佐藤道郎、江夏豊を抑え投手に起用した。当時最強だった阪急に対抗するには、終盤に球威のある投手をつぎ込んで僅差のリードを守りきるほかない、そう考えたからだった。

それでも、野球に方程式はない。阪神はウィリアムス、久保田智之、藤川球児の「JFK」で、2005年にリーグ優勝を果たして以来、先発投手は六回まで、あとは1イニングずつ、という形にこだわってきた。真弓監督になって、ウイリアムスが退団した後も久保田、藤川と組み合わせる「もう一枚」にこだわった。そして獲得したのが、小林宏だったわけだ。前述したように、いまの小林宏は限界がみえている。

どうして、真弓監督はここまで「型」にあてはめようとするのか。2011年には特に顕著で「型」に溺れ、「型」に敗れている。本当に強力なリリーフ陣を持っているならば、「3時間半ルール」は先行型の阪神に有利なはずである。だがいざ開幕すると、藤川の投入時機を誤って負けたり、小林に硬直的に八回を任せて負けたりしている。臨機応変、を戦術に当てはめられないなら、選手は不幸である。

さらに阪神には、能見篤史、岩田稔、榎田大樹ら、完投能力のある年齢的にも脂の乗った先発投手がそろってきている。にもかかわらず、彼らに完投させようとせず、不確かな方程式にこだわっているのは監督の怠慢でしかない。当の投手たちにとっても、これは不幸なことだ。「固定観念は悪、先入観は罪」である。

リリーフを先発に回し、ほかの先発投手の完投を自覚させる――福岡ソフトバンク

阪神と対照的に、ソフトバンクは２０１１年シーズンに入って、完投数が急増した。２０１０年の完投数６を、開幕から1カ月で越えてしまった。

統一球の導入で、打球が飛びにくくなった。真偽のほどは、シーズン終了後にわかるのだろうし、打者優位の現代野球では一時的な本塁打減少があったとしても数年で解消されてしまうだろう。それでも広いヤフードームで、ボールの力も借りられるというのなら、ソフトバンクの投手の心理に好影響を与えるのは当然である。

さらに今シーズンのソフトバンクは、攝津正を先発転向させる英断を下した。馬原孝浩、ファルケンボーグとの「３本の矢」で、磐石のリレーを形づくってきた一角を、先発に回したのである。攝津自身は先発定着に試行錯誤を続けているが、チームにとってはこの決

断が、先発投手の完投に対する自覚を高める契機になった。若手の山田大樹、岩崎翔らにも大きな刺激になった。杉内俊哉、和田毅の陰で伸び悩んでいた若手、中堅投手にもいい刺激になったことが大きい。

こうした挑戦も「未来創造能力」だろう。変化に必要なのは勇気だけだ、ともいう。勇気を持って投手陣再編の決断をした秋山監督の信念が結実すればいい、と願っている。

守護神禅譲のタイミングに注目——中日

先をみた補強、育成を心がけている落合監督は、先発可能な投手陣を10人前後用意してシーズンを戦っている。吉見一起、チェンの2枚看板に、中田賢一、朝倉健太、ネルソン、山内壮馬、山井大介、山本昌……。それぞれを高いレベルで競わせることで、層が厚みを増している。

リリーフ陣には、他球団なら不動のストッパーたりうる浅尾拓也がいる。私が唯一疑問を覚えるのは、落合監督が岩瀬仁紀のストッパーにこだわることである。球威、キレを考えれば、すでに浅尾が上回っているのは明らかだからだ。

それでも岩瀬が一時代を築いたストッパーだからこそ、スムーズに政権交代、とはいかないのだろう。落合監督は、彼らしくないほど気を遣っている。九回ツーアウトから岩瀬、または3点差なら岩瀬……。落合と岩瀬との間では、すりあわせができているのだろうが、そろそろスッパリとかえてしまってもいい。岩瀬自身が、プライドをコントロールすべきだと、私は考えている。

積極的な若手起用により活路を——横浜

ヤクルトと違い、この数年間ずっと、投手陣の構築がなされていないのが、横浜である。尾花監督に白羽の矢を立てたのも、投手編成の安定を求めてのことだろう。しかし2011年シーズンも、課題は残されたまま。最下位脱出は困難な道のりである。しかし、第1章でふれたように、横浜投手陣の脆弱さは、トップレベルの投手ではなく第2集団の投手を獲得する、という消極的なドラフト補強に終始した球団の編成方針にある。

それでも、眞下貴之、加賀繁、須田幸太ら、近年のドラフトで獲得したフレッシュな若手を徹底して先発させていくこと以外に、よどんだ空気を一変させる方法はない。山口俊が、セ・リーグを代表する抑え投手に成長しつつある、という好材料もある。また、三浦大輔を早めに見切って2軍落ちさせたことは評価できる。これも尾花監督の覚悟の表れだろう。尾花監督に求められるのは、こうした大胆な外科的処方であり、思い切った路線変更が必要である。

2年続けて活躍するピッチャーがいない――オリックス

オリックスは投手がいい。ここ数年、シーズン前の下馬評では、こんな声をよく聞く。ところがオリックスの「好投手たち」は、好成績を複数年続けることができない。

2008年だけ15勝を挙げた小松聖、同年だけ2けた勝利の近藤一樹。金子千尋は2008年から3年連続2けた勝ったが、17勝を稼いだ翌年の2011年春に右ひじ手術をして、完全に出遅れた。

前年によく勝った投手に、今シーズン計算を立てられない。これほど苦しいことはない。しかしこれだけ続く以上、どこかに原因があるはずだ。指導の問題であれば、どう改善すべきか。トレーニングに問題はないのか。それを把握しないかぎり、前へは進めない。

なぜ人材難のリリーフ陣にテコ入れをしないのか――埼玉西武

同じ失敗を繰り返す、という点では西武も同様だ。こちらはリリーフ陣に安定がなくなって3年目になろうとしている。2008年に日本一になって以来ずっとである。それでいながら、大石達也を先発転向させようとした意図は、やはりどう考えても解せない。まずリリーフとして使い、数年後に、というソフトバンクの攝津のような転向の方法もあるはずである。

3年間、同じ状況を続けている以上、まず球団が補強面での不作為の責任を問われても仕方ないし、ピッチングコーチの能力不足を指摘されてもやむをえまい。なにより、涌井秀章、岸孝之のような能力の高い先発投手を抱えていても、宝の持ち腐れである。

近未来型エース・ダルビッシュ有のすごさの秘密——北海道日本ハム

日本ハムを除く、パ・リーグの5球団にとって、ダルビッシュ有の攻略はどのシーズンでも最大のテーマである。確かに3連戦では「ダルビッシュの試合を落としても、残り2試合を勝てばいい」と割り切って臨むことはできるだろう。それでも日本ハムはAクラスの常連であり、残り2勝するのはやっかいだ。できることはせいぜい、エースどうしのつぶし合いという、無用のギャンブルは回避するくらいのものだ。

楽天監督として、ダルビッシュに「勝てた」と実感できたのは、2009年の開幕戦だけである。橋上秀樹ヘッド以下のコーチ陣が、その前年、最もダルビッシュを打っていたロッテ打線のビデオをくり返し見て、内外角のコースを絞ることを徹底していた、という結論を得た。

「ホームベースを3等分し、内側3分の1を捨てる。つまり内角は見逃しても構わない。胸元を攻められると、外角の見きわめが悪くなる。外角のストライク・ボールをしっかり見きわめて、右方向へ打ち返す」ことを徹底し、3点を岩隈久志が守って勝ったものだ。

それ以外にもダルビッシュに対しては、いろいろ試してみた。右打者に内角シュート

（ツーシーム）を徹底して狙わせたこともある。「奇襲」は一発で成功させなければならなかったのだが、立ち上がりに内角狙いでチャンスは作ったものの、しのがれてしまった。すると逆に、こちらの意図を察知されて内角狙いを逆手に取られて負けてしまった。

ダルビッシュの能力の高さは、まさにこの「危機察知能力」「危険回避能力」にある。大胆さと細心さは、エースの必要条件だから当然ではあるが、その日に最も調子のいい球、場面ごとに有効な球、危険な球、ゴロを打たせるのか、三振を奪うのか、という状況判断に長けている。

その上で時と場合によって、本格派と技巧派を使い分けている。だから私は彼を「近未来型エース」と名付けたほどだ。

バリエーション豊富な先発陣にとって予告先発は不利？――千葉ロッテ

楽天では、ロッテ投手陣に苦手が多かった。清水直行、久保康友らすでに移籍した投手しかり、渡辺俊介しかり。そして2008年にプロ入りした唐川侑己も、苦手のひとりである。

ゆったりしたフォームからキレのいい直球を投げ込んでくるため、タイミングを取るのに苦労させられるらしい。また、カーブとの緩急に、真っ直ぐ狙いで構える楽天打線は対応できず、私はいつもイライラさせられて「球も速くない、あの程度の投手に……」とよくボヤかされた。

球速は140キロそこそこだから、「いつでも打てる」と思って直球を狙ってしまう。だが実際には、フォームのゆったり感からくる錯覚もあって、とらえたと思ったときにはすでに球は手元に来ているから、詰まってしまう。あくまで技巧派なのに、詰まる、空振りする、打たされる（ゴロ）という本格派のような投球をされてしまうわけだ。

成瀬善久、渡辺俊、唐川と左、下手、右、とタイプの違う先発投手がそろい、バリエーション豊富なのがロッテのよさ。こういうチームを見るにつけ、私は「予告先発がなければいいのに」と思う。それから忘れてならないのは、ヤクルトと同様、投手が育つ伝統の下地があるように思えることだ。

「飛ばないボール」は最終的に打者有利に収束するはず

投手を語る上で外せないのは、2011年シーズンから採用された「飛ばないボール」である。加藤良三コミッショナーが主導して導入した、ミズノ社製の統一球だ。節電のための「3時間半ルール」とともに、これらは現場の監督、コーチ、選手が、「勝つために」対応してゆかなければならない課題である。

統一球の導入は、国際大会、特にワールド・ベースボール・クラシック（WBC）で大リーグ使用球に戸惑わないため、またあまりに飛びすぎることによって生まれる本塁打が多くなったことから導入された。

投手にとって、本塁打を頭に入れなくてもよくなるのならば、心理的負担は大きく軽減する。ただし、だからといって少々力が劣る投手でもコントロールに気を遣わずに思い切り腕を振ればいい、などと考えるのは早計だ。しっかりコースに投げきれる投手は、バットの先や詰まった当たりが飛びすぎなくなるわけだから、メリットがある。

2011年の開幕1カ月ほどだが、セ・リーグではヤクルトと中日、パ・リーグではソフトバンクと日本ハムが上位にいるのは、投手の実力が正当に表れるボールであることを証明しているといえる。逆にアバウトなコントロールしかない投手が多いチーム（巨人、横浜など）が波に乗れないことも納得がいく。また、完投数が明らかに増えたことは、統一球の効果と考えていい。

しかし、バッターの技術は、投手に比べて日々進化してゆく。バッターは、機械に向かって1日1000スイングすることも可能だが、投手が1000球投げ込むことはできない。以前の低反発球がそうだったように、今回も数年もすれば本塁打数も、元に戻ってしまうのではないか。

その場での決断力が試される3時間半ルール

節電対策として実施された、2011年だけの特別ルールだが、開幕後からクローズアップされたのは、阪神の立て続けの失敗だった。東京ドームでの巨人戦では、延長を見越して藤川球児を温存し、絶体絶命のピンチを招いてから慌てて投入した挙げ句、サヨナラ負けを喫した。

時間とイニングの行く末を天秤にかけて、力のある投手から順に投入していく。これが失敗のない采配だろう。しかし真弓監督のように動かない、「型にはめる」ことしか考えないならば、思考が硬直してしまう。

また、攻撃側からすれば、早い段階から「チャンスは少ない」と決めて、手堅く得点を重ねていくべきだ。開幕前日に日本ハムの梨田昌孝監督が「バント、バントで行きます」と笑っていたのをみたが、それくらいの意識で、走者を進める意識を持つべきだ。

楽天とロッテの試合で、田中将大をみていたとき、0対0の投手戦で、楽天が攻撃でワンアウト一塁、の状況が4度続いた。ところが星野監督は強行を続け、延長に入って同じ状況になって初めて、バントを選択した。これをみて「投手出身監督でありながら、二塁に走者を背負うことに恐怖感がなかったのだろうか」、と心配になったほどだ。

Chapter7

フロント、コーチング・スタッフの見立て

～「10年先」を見据えるヤクルトの優秀な編成陣

野球そのものの変化を求められる２０１１年

現在のプロ野球は、大きな転換期にある。東日本大震災とそれに伴う原子力発電所事故で、節電が求められ、野球そのものが変化せざるをえない状況。また、２０１０年秋に起こった横浜の身売り問題など、12球団それぞれが抱える状況がある。次々に降ってかかる難題に、各球団がどう対処するのか。球団経営者、フロントの手腕が問われているのは間違いない。

頭で考えた通りに、現実は進んでくれない。プロ野球を予定通り開幕することで、被災者を勇気づけるのだ、と考えた人もいたが、現実には停電がそれを阻んだ。球団経営も監督業と同じく、臨機応変に戦術を組み立てながら目の前の現実に対処する必要がある。

私は、球団フロントやオーナーに対して歯に衣着せぬ物言いで、球団改革を迫ってきた。現場を預かるだけの監督の振るまいとしては、完全に越権行為である。ある人は謙虚に、ある人は怒りに顔を紅潮させ、またある人はただうなずいて聞き流すだけ。さまざまな反応、対応をされた。ヤクルトでは黄金時代を築き、阪神では志半ばで去った後で黄金時代を招来し、楽天では中途半端な状態で職を離れることになった。

球団がそれぞれ、どんな夢を描いているのか。そこに尽きる。プロ野球が文化的公共財だというのなら、12球団が野球を通じてどう社会に貢献するのか、を表明することが何より重要なのだ。

赤字削減だけではプロ野球は成り立たぬ――横浜

3年連続90敗以上、どん底のチーム状態を招いた原因は、2年ともたず監督交代を繰り返したことが大きい。まずフロントに先を見る眼がなかった。また数年前には、経費削減の名の下に、一部地域の駐在スカウトを廃止したりもしたと聞く。

最近は親会社も株主を重視するから、大きな赤字を出せないようだ。しかし、野球などのスポーツ・文化活動は基本的に「金がかかる」「儲からない」ものだ。そういう発想がなく、親会社の収益部門と考えてしまう。そして野球を知らない人間に経営を任せる。だから「チームづくり」「人づくり」の発想は出てこず、「赤字減らし」の視点しかなくなっている。

そして結局、親会社が身売り先を探す中で監督、選手はシーズンを戦わざるをえなくなる。選手は「情熱を失った現在の親会社よりは、より意欲のある安定した親会社に買ってもらいたい」と考えるだろう。そうした不安定な選手のモチベーションに期待するしかない時点で、不幸である。

主役を育ててこそ「育成の巨人」——読売

「育成の巨人」、だという。支配下と育成選手を合わせて90人もの選手を抱えている。2軍の下に「第2の2軍」を置いて、頻繁に入れ替えも施して、チームの底上げを図っていくのだそうだ。

弱いチームの監督ばかり引き受けてきた私にとっては、羨ましいかぎりだが、それにしては、1軍で見る顔ぶれが同じではないか。2011年シーズン、序盤に故障者が続出して、大田泰示、田中大二郎、藤村大介、円谷英俊といった面々がスターティングメンバーに日替わりで名を連ねたが、坂本勇人のように即レギュラー奪取という実力を兼ね備えているようにはみえなかった。

ＦＡ補強はしない方針、ともいう。しかし原監督は、自ら補強してほしい人材の名を挙げてフロントに要望しているようだ。現場を預かる責任者である原監督は、世代交代が迫った近未来のチーム編成を見据えて、現在必要な選手をリストアップしたのだろう。しかし受け入れられているようにみえない。

結局、足りない戦力は外国人で補っている。支配下、育成合わせて10人も外国人投手がいる状況（２０１１年開幕時点）は、異常である。生え抜きが育つまで外国人で、という考えには一理あるが、外国人投手は、実際に来日して自分の目で見なければわからないし、技術的にも走者を背負ったときのセットポジション、クイック投法など、来日後に教え込まなければいけないことが多い、というのが私の経験則でもある。

それ以前に、いまの巨人の2軍で、生え抜きの若手で中心投手に育つような具体的な名前が挙がってこない。東野峻、澤村拓一に次ぐ存在、という意味である。

だとすれば、「育成の巨人」とはなんなのだろうか。育成出身では、松本哲也も成長が止まってしまったようだ。山口鉄也は開幕後に足踏みしたものの、変わらずセットアッパーとして不可欠な存在であり続けている。たったひとりだけだ。ドラフト上位指名の強化指定選手という意味でも、坂本に続く選手はまだ出てこない。長野久義はもともと即戦力だから、2軍経由ではない。

巨人の育成は、球団が期待する選手には年間400打席など、具体的に数字を設定して出場機会を与える大リーグ流なのだそうだ。しかし質と量を考えれば、あまりに量に傾いてはいないか。私は2軍でこそ、バッターなら「打席での備え」であるとか、投手なら「内角球論」といった、選手としての質を高める訓練が可能だと考える。そうした教育なしに漫然と打たせても、1軍に入ってから自分の未熟を痛感するばかりだと思うからだ。

「1軍で勝つ」という目の前の目的を無視して、チーム基盤の強化だけを図るのは不可能である。負け始めれば、球団内に不協和音が生じるのは、プロ野球の常ではあるが、現実からあまりに離れて理想を追求しても、チーム強化は図れないはずである。

年俸は勝って稼ぐのが大原則――阪神

2009年から3年連続で、日本人選手の平均年俸が1位になった。2011年は55

46万円、63人に約35億円を支出している。観客動員も12球団一で、黒字を出している数少ない球団のうちのひとつなのだから、これだけ出しても経営は健全だ。

チーム成績は、2005年を最後にリーグ優勝から遠ざかっている。にもかかわらず、選手年俸が上がっているのは、ひとえに経営のなせるわざであって、勝っているからではない。

私が阪神監督をしていた2000年前後、阪神の年俸は下から数えたほうが早かった。3年目だった2001年、当時の久万俊二郎オーナーに直談判したことを思い出す。「今の野球はお金がかかります。ドラフトからFAから、優勝するためにはお金がいるんです。なによりも野球選手は年俸で評価されるものなのですから」と訴えた。

後任監督として翌2002年に星野仙一監督となって以降、阪神は星野監督の人脈もあいまって、大型補強路線へと転換し、FAで片岡篤史、金本知憲、新井貴浩ら4番打者を獲得し、捕手難となれば城島健司も入団させた。ドラフトでは鳥谷敬、能見篤史ら世代のトップ級の選手を獲得できるまでになった。こうして年俸トップ球団にのし上がった。

しかし、これだけの補強をしたのだから、今度は勝たなければ、再び観客動員は減り始めるだろう。そうなると負の連鎖が始まる。年俸が高いだけで勝てない。1990年代後半の巨人のように、小回りが利かず燃費だけが高く、ＦＡで働かない選手の穴埋めにＦＡ補強を重ねることになりかねない。

選手集めに熱心になるあまり、失われたもの、軽視してしまったものはないか。勝つために必要なグラウンド上での原理原則、セオリーといったものを、阪神は取り戻す必要がある。

今後の課題は「ポスト落合」の発掘――中日

名古屋で落合博満監督が不人気だそうだ。3度の三冠王に輝きながら、記者投票で決まる野球殿堂入り投票で、2009年、2010年と2年連続規定数に1票足りずに落選したのだそうだ。リップサービスがなく、マスコミに対しても歯に衣着せずに批判する落合監督の姿勢は気に入られていないのだろう。しかし、エースの川上憲伸、4番打者の福留孝介が抜けたにもかかわらず、リーグ優勝まで立て直した手腕は大きく評価すべきである。

だが中日球団にとっては、間違いなく黄金時代を築いてくれた大功労者となった。球団にとって今後の問題は、前述した通りに「ポスト落合」探しになるだろう。ドラフトもくじ運頼みでない強さがあるし、これという選手を獲得できる資金力もある。

10年先を見据える、大外れのない優秀な編成陣——東京ヤクルト

「プロ野球球団にとって、なにより大事なのは編成だ」と、私は経験から知ったが、ヤクルトはその重要性を十分に認識している球団だといえる。ドラフト補強を最重要視し、スカウト部門が充実している。

１９９０年代以降、まず大外れ、というドラフトがない。それは、徹底して「基本は投手中心」のスカウト活動に専念しているからではないか。生え抜き投手が圧倒的に多いチーム構成を見れば明らかである。

「将来性ほどあてにならない言葉はない」とスカウトに何度もいったことがある。この高校生は将来性があるから、と1位指名をし、その選手が思うように成長しなければどうするのか、と現場の監督は考える。そのためには社会人投手もしっかりと押さえておく。社

会人はリーグ戦でなく、トーナメントを戦っている。だから「負けない技術」を持っている選手が多い。

スカウト経験がない私がいうのもなんだが、複数の投手を押さえる、といったこともまた「危機管理」なのだと思う。たとえば2003年は1位に高井雄平を指名したが、投手としては大成せずに野手転向した。だが3位で獲得した館山昌平がエース格に育っている。また2005年から高校生ドラフトで村中恭兵、増渕竜義、由規と3年連続で速球派を指名して「10年先」をみている。

意図はわかるが、それが「球界のため」とは限らない――広島東洋

楽天監督をしていて驚いたのが、「広島を参考にしている」という話だった。「市民球団」らしく、身の丈経営をし、常に選手の平均年俸は最下位かブービー。数千万円の黒字で満足する、という経営を参考にする、というのだ。実際にフロント幹部に広島OBを招いたりしていた。

鳴り物入りで新規参入した楽天が広島に学ぶようでは、楽天も好成績、ましてや優勝など望めはしないと思った。皮肉な言い方をすれば、だから私に監督を頼んできたのだな、と実感した。

ドラフトやFAの制度を守りながら、足元を固めて経営しているのはわかる。FAで他球団に選手が流れても、いくらかの補償で損失を最小限に抑え込み、少々の黒字を維持する経営を続けている。

しかし、その結果が13年連続Bクラスという体たらくを招き、セ・リーグの地盤沈下の一因になっていることは間違いないのだ。こんな球団を手本にしようという楽天の姿勢にも驚いたが、星野監督の下で大型補強を重ねているのをみると、楽天も路線変更したのだな、と胸をなで下ろしてもいる。

広島がこうした経営姿勢を続けていて、これから起きるかもしれない球界の激動に対応していけるのだろうか。たとえば12球団が維持できなくなり、10球団1リーグといった事態も起こりうる。その場合、セの球団は阪神戦、巨人戦の既得権をさらに減らすことになってしまうだろう。臨機応変に、そうした危機に対処できるのだろうか。

あまりにもビジネスライクすぎる経営方針——東北楽天

東日本大震災により、「被災球団」となった楽天だが、これから数年間は球団運営も難しくなることは間違いない。

暗さを、どうやって明るさに変えてゆくのか。選手会長の嶋基宏は「見せましょう、野球の底力を」とすばらしいスピーチを残した。彼の言葉を聞いただけで、選手はいい経験をしているのだな、と思う。いつまでも「あきらめずに戦う」姿勢を持っていてほしい。だが人間は弱い。負け始めると「こんな状況なんだから仕方がない」と思ってしまいがちだ。自分自身を限定せずに、戦い抜いてほしいと願う。

球団にもひとこと言わせてもらえば、「思いやり」「おかげさま」の気持ちを持つべきだ。私自身も監督退任時に感じたことだが、この球団は、あまりにビジネスライクに経営最優先でありすぎる。私の退任と同時に8人ものコーチと契約更新しなかった。私の契約問題とコーチのそれとは無関係のはずだし、能力を客観的に判断しての「解雇」とも思えなかった。冷酷ささえ感じたものだ。

1995年、阪神淡路大震災で被災した地元を励ますべく、オリックスは「がんばろう

ＫＯＢＥ」と銘打ち、見事ペナントレースを制した。東日本震災後のオーナー会議で島田亨オーナーは「この状況下で一球団の利益をうんぬんできない」と話していた。それが心から出た言葉であるならば、血の通わない、ドライな経営手法から離れ、しっかりと地域密着の役割を果たすべきだ。

地域密着、組織強化、人気選手の獲得と、まさに成功例づくし——北海道日本ハム

地域密着を成し遂げた球団の手腕には、敬服せざるをえない。北海道内の企業が球団スポンサーとして参加し、地元局のローカル中継では視聴率20％前後を記録する。札幌でテレビをつければ、全国的には無名の選手が、地元企業のテレビＣＭに出演していたりする。「おらがチーム」としての最大の成功例だろう。

北海道移転元年の２００４年に新庄剛志が加入、移転のシンボルになった。２００５年からはダルビッシュ有が入団し、さらに中田翔、斎藤佑樹と、次々に人気選手を増やしていった。彼らが営業的側面だけでなく、しっかりと1軍レギュラーとして活躍している点

も、球団経営への貢献が大きい。

高田繁をゼネラルマネジャーに起用して組織強化を図った。また、年俸に見合わなければ、主力であってもトレードや戦力外通告をためらわない。ドライではあるが、予算に見合わない選手は獲らず、育成制度も利用せずに、1、2軍で決められた日程に合わせた選手しか在籍させない。ドライかもしれないが、しっかりした判断に基づいている。パ・リーグの球団運営のモデルケースになっているだけに、今後も安定した総合力を発揮しそうだ。

慢性赤字プラス震災で、腕の見せ所となった経営陣――千葉ロッテ

2010年は「史上最大の下克上」と銘打った日本一を奪回した。それでもバレンタイン監督の下で日本一に輝いた当時の熱気は、冷めてきたようにみえる。観客動員も下降気味で、慢性的な赤字体質もいっこうに解消されていない。球場周辺は、震災による液状化現象のダメージも受けた。困難な状況を迎えているのは間違いない。

西岡剛、小林宏を引き留めることもせずにポスティング、ＦＡで放出した。そのおかげで、日本一球団ながら選手年俸は12球団中10番目。向こう何年間かは「緊縮財政」で臨むのだろう。そして「その先には？」と、いらぬ心配をしてしまう。

根本陸夫さん以来脈々と受け継がれるスカウトのノウハウ――埼玉西武

西武も、セ・リーグのヤクルト同様にスカウト上手の球団である。中島裕之、中村剛也に代表されるように、チームの中心打者まで獲得していくのは、根本陸夫氏が球団草創期に確立したものだが、いまだにノウハウが受け継がれているのだろう。脈々と受け継がれたスカウト力は、裏金問題として表面化して、ダーティーなイメージもつきまとった。スカウトはブローカーとつるんでいた、などという話も聞いたほどである。

また、親会社の不祥事などで球団経営は大きく揺れ動いている。西武鉄道の株式再上場なども見すえて、球団経営も萎縮しているような印象も受けるし、大型補強はかなわなくなった。本来であれば勝利を常に目指さなければならない球団にとって、怠慢ととられてもしかたないことである。

それでもなお、毎年のように優勝争いの常連でいられ、スカウトによる戦力整備ができているのは、30年前からの先行投資が成果を上げ続けていることの証明でもある。こうした力こそが、プロ野球球団としての歴史と伝統であり、一種の無形の力なのではないか。それはそれで、素直に認めるべきだろう。

韓流スター選手獲得は現場にプラスとなりえるか――オリックス

球団経営が厳しいオリックスは、2011年に大胆策を打ってきた。大リーグで124勝を挙げた朴賛浩、ロッテ、巨人でプレーした李承燁と、韓国のエースと4番を補強したのだ。球団は、韓国国内への売り込みを図り、テレビ放映権ビジネスなどを積極的に進めたそうだ。

営業、ビジネスとしては大成功だったようだが、現場は足かせをはめられたようなものだ。朴、李とも、プロ野球選手としてのピークはとうにすぎている。それでも韓国向け放送のために1軍に置いておかざるをえない、などの事態が生じれば、かえってチームにとってマイナスになる。使うも地獄、使わぬも地獄、とならないよう、両選手の奮起を願うほかはなさそうだ。

チームバランスを考慮しはじめた経営陣の今後に注目――福岡ソフトバンク

楽天と同じ、2005年に新規参入を果たしながら、楽天とは異なる球団経営のスタンスを取ってきた。「使うべきは使う」という孫正義オーナーの確固たる信念がみえる。

王貞治前監督の下では、小久保裕紀に出戻りさせたり、多村仁志を獲得したり、と同タイプの選手が重複していたりもしたが、確実性の内川聖一、弱点だった捕手の細川亨らを補強したところを見ると、チームバランスを考え始めたようだ。

有能なコーチが時期外れのタイミングで、突然解雇通告されたり、査定方法の変更で選手との関係が悪化したり、と小さいながらも波風が立つ事態も起きていると聞く。それでも球場使用料を年間50億円も支払いつつ、十分な年俸と補強予算を組んでゆける孫オーナーの経営姿勢にも驚かされる。中心なき組織は機能しない、というが、まさに中心が不動の存在であれば、物事はスムーズに動くことの好例である。

コーチを「仲良しクラブ」で編成すればチームは破たんする

また、ここでコーチングスタッフについても少々述べておきたい。コーチは「選手のほうを向いて仕事をしてはならない。常に監督のほうを向いて、監督の考えを選手に伝えるようにするべき」と考える。監督・コーチ・選手が「一本の線」で結ばれるようなチームが最も強い。

勝つチームはいいチーム、と呼ばれるが、長いシーズンを戦い、勝ってゆくなかで、そうしたムードが醸成されるケースのほうが多い。長い監督経験の中で感じたことは、監督は「チーム優先主義」だが、選手は「個人主義」によって動くということである。

例えば、監督である私は「野球が仕事なのではなく、勝つことが仕事なのだ」と考える。そして「勝つための監督の考えを知り、自主的に動いてほしい」と望む。しかし選手は

「自分の能力、成績を正当に評価してほしい。自分の意見を聞いてほしい」と要求する。両者は、正反対とまではいわないが、なかなか一致させることは難しい。そこで、コーチングスタッフの出番、となるわけだ。

だから、コーチングスタッフの編成は「能力優先」でなければならない。監督の意図を明確に伝える力、チームの目標にふさわしい能力を教える力、などで評価され、雇用されるべきだ。

ところが、コーチ人事には極めて古い日本的な情緒が入り込む。かつては現役時代の論功行賞であったが、いまでは「監督の仲良しクラブ」と化しているケースが多すぎる。原辰徳監督の1期目だった2002～2003年の巨人がその典型例で、2003年に原監督がユニホームを脱ぐと、ほぼ総辞職してしまった。現在2期目となった原監督は、球団内外から集まった多様な人材を使いこなそうとしているようにみえるが。

楽天の星野仙一監督も、六大学からの盟友という田淵幸一ヘッドコーチや、明治大学や中日からの後輩らを多く連れてきた。こうした子飼いの面々は「オレの考えをよくわかっている」といい、一見、私が先に述べた監督の意図を明確に伝えることと重なるようにもみえる。しかし最も異なるのは、「選手からのみえ方」が違うことだ。監督のイエスマンでは、監督と選手の考えを一致させて、同一方向に向かわせようと思うはずがない、と。

ちなみに私が自らの人脈から仙台に連れていったコーチは池山隆寛だけである。しかし私は、シーズン中もオフも、選手はおろか、コーチとも仲良くすごさない。遠征宿舎で試合後に、ミーティングを兼ねて同じテーブルを囲むことはあっても、連れだって食事に行ったりするのは、キャンプ、オープン戦で一度ずつくらいのものである。監督はコーチに指示する立場だから、馴れ合いは相互に甘えを生んで、組織にいい影響は与えない、と考えていたからだ。

私の在任中、打撃コーチ、バッテリーコーチ、投手コーチらは試合のない月曜日もほとんど休まなかったと聞く。ロッカールームに休日出勤して、前日までのデータ整理をしたり、翌日からの対戦相手の分析をしていた。彼らなりによく働いてくれたと感謝している。

他球団のコーチ経験者を集めるようになった読売

ところが、モノはいいようで、仲良しどうしで首脳陣を構成する監督らは、往々にしてこういう。腹を割って話せるだとか、いわなくても心が伝わるだとか、無礼講だとか、裸の付き合いだとか云々。「公私混同」を地でいくような人間関係を作りたがる人間もいる。そしてなにより、現在のプロ野球界は、監督を2年、3年という短期間でどんどん代えていくものだから、とてもコーチ育成まで頭が回らない。だから職業コーチは減ってしまい、球団はコーチを集められない。集められなければ、監督の現役時代からの人脈、コネを頼る。ゴマすりさえ上手ならば、コーチの職にありつける可能性が高まる。「仲良しクラブ」ができ上がっていく背景には、球団の怠慢も大きなウェートを占めているわけだ。

サッカーのように、監督がライセンス制であるならば、ステップごとに勉強することもある。しかし野球の指導者は免許制でもなく、自分の現役時代の経験を基にして、一方的に自分の考え、やってきた練習を選手に押しつけてしまうきらいがある。プロでないプロのコーチが、自分の考えを選手に押しつけるから、思うように選手が育たない。

コーチは専門家であるべきだ。巨人が、他球団のコーチ経験者を巨人ＯＢであるなしを問わず、集めている。川相昌弘（コーチ経験があるのは中日。以下同）森脇浩司（ソフトバンク）、荒井幸雄（ヤクルト、日本ハム）、小谷正勝（ヤクルト、横浜）、野村克則（楽天）らがそうだ。他球団の指導育成法を知り、客観的に巨人の育成方法を洗い直しているのだろう。これもひとつの能力主義といえる。小谷、森脇は職人肌のプロコーチである。

特に森脇は、南海OBだったせいか、なぜか私になついてきていた。ソフトバンクのコーチを務めていたころ、楽天戦になるとベンチまで私に挨拶に来て、周囲の記者たちに人払いをお願いした上で、「質問があるのですが、教えてください」と話しかけてくる。「お前なあ、こんなところを、王に見られてみろ。クビになっても知らんぞ」と呆れたほどだったが、「いえ、監督も了解していますから」と平気な顔をしていた。だから秋山監督になった後で、実際にソフトバンクを解雇されたときには驚き半分、妙に納得してしまったものだ。

森脇が特に質問してきたのは、キャッチャー心理と投手心理、またサインプレーについてだった。三塁ベースコーチ、ベンチで作戦コーチを務めるにあたり、作戦実行の判断材料となるバッテリー心理を読みたい。そうした欲求を満たすために、私の元へ足を運んできていたのだろう。

聞くは一時の恥、聞かぬは一生の恥。私も現役時代からそういう姿勢で野球に取り組んできたし、「質問するなんて恥ずかしい」などという安物のプライドは、持ち合わせていてもプロとしては無駄であると思っていた。敵の監督にまで教えを乞う図々しさも、自分のコーチとしての技術、能力を高めようというプロ意識の表れだと映る。こうした人材を集めて、勝つための方法論を選手に授けてこそ、真の育成といえるはずである。

プロ野球チームのコーチは、こうした「専門の職業集団」であるべきだ。2010年、ロッテに金森栄治が打撃コーチとして着任して、ロッテにつなぎの野球が復活した。阪神を自由契約されて、1993年に私がヤクルトで引き取ったが、当時は数字で判断出来ない部分、ベンチのムードメイク、練習態度などに注目していた。その後は阪神、ソフトバンク、そしてロッテと腕一本でコーチ人生を歩んでいる。こうした選手もまれである。

現状のようなコーチ難の時代では、結局、現役時代にどういう野球をしてきたかが、コーチとしての力量の大部分を占めてくる。巨人V9メンバーのうち、長嶋茂雄、王貞治、森祇晶、高田繁、土井正三、堀内恒夫らが監督を経験した。西武黄金時代のメンバーも、石毛宏典、伊東勤、秋山幸二、渡辺久信らが監督となり、多くの選手が現役コーチとして活躍している。

強いチームで、野球の原理原則、すなわちセオリーを身体にしみ込ませた選手は、コーチとしても成功が近い。ヤクルトで私が教えた選手も、多くが指導者の道を歩んでいる。2011年のヤクルトキャンプに足を運んだら、荒木大輔、伊藤智仁、真中満、土橋勝征、城石憲之、池山隆寛、飯田哲也、度会博文……と懐かしい顔ぶればかりで驚いたものだ。

責任感が倍増する少年野球の指導者

もし、指導者の道を志そうと思うOBがいるなら、私は少年野球の指導者から始めるのも手だ、と思う。私はプレーイングマネジャーから監督ひとすじで、コーチ経験がないのだが、3年間の少年野球の指導者経験はある。なぜ役立つかといえば、「間違えられない」からである。

子どもたちは純粋で、「元プロ野球選手の野村に教わるのだから、間違いはない」と頭から信じている。大人になれば「昔と今では野球が違う」などとへりくつをこねる者もいるが、子どもは疑うことを知らない。だから教える私のほうは、努力の方向性を誤ることがないよう、細心の注意を払ったし、自分でも勉強しなければならなかった。森脇の例ではないが、恥もプライドも捨てて、真摯に教えることを心がけた。改めて信頼、信用の重要性や影響力を認識し、「野球の原点は少年野球にあり」と実感した。

日本のプロ野球の指導者層が、プロフェッショナルで占められる日が来るかどうか、はなはだ疑問である。

Chapter8

球界の見立て

〜プロ野球の近未来を考える

北海道日本ハムの移転が契機となった「実力のパ」の急加速

かつてプロ野球は「人気のセ、実力のパ」といわれた。パの球場は閑古鳥、テレビ中継もなく、新聞の扱いもごくわずか。一方のセ・リーグは、「巨人、大鵬、卵焼き」の国民的人気を博した巨人を中心に、ひたすら存在感を高めていた。われわれパ・リーグの選手たちは、オールスターゲームのたびに、「セ・リーグに負けてなるものか」と、自らの存在価値を賭けて戦い、白星を重ねたものだ。

「実力のパ」、現在ではさらに明らかな差になりつつある。2010年交流戦で、パ・リーグ6球団はセ・リーグに対して81勝59敗4分けと大きく勝ち越した。2005年から導入された交流戦はすべてパ球団が優勝した。21世紀に入ってからの日本シリーズは6勝4敗で、ダイエー（現ソフトバンク）、西武、ロッテ、日本ハムと4球団が覇者となる多様さで、パは戦国時代といっていい。

要因はいくつかある。①地域密着で多少なりとも経営状況が改善した②好投手がそろって切磋琢磨する状況が生まれた③好投手が打線の進歩、組織的打撃の重要性を示した④プレーオフ（クライマックスシリーズ）の早期導入、などである。

一方のセ・リーグは、広島が1997年を最後にAクラスから遠ざかり、横浜もこの10年間で7度の最下位となり、リーグ内で大きく後れを取った。極端にいえば、実質4球団（巨人、中日、阪神、ヤクルト）で毎年上位争いが演じられている。現行のクライマックスシリーズ争いも、この中から1球団が脱落するだけの同じ顔ぶれで推移しているのである。これでは競争力低下もやむをえないし、それはすなわち、セ・リーグの活力を大きく削いでしまっていることになる。

前述した、実力のパの要因を推移してみると、①地域密着の成功、が大きい。日本ハムの北海道移転が2004年シーズンから。これがリーグとしても契機となった。北海道から九州まで、広く球団が点在することで、「おらがチーム」どうしの地域間対決の色彩が濃くなった。日本ハム、ソフトバンク、ロッテは地元で多くのスポンサーを獲得し、さらに優勝を経験することで、地域のシンボルとして定着することになった。2005年に仙台で新規参入した楽天も、同じ流れの中で成長してきた。

②好投手が集まる。これは、昔からあったパ・リーグの傾向である。私のころの稲尾和久、杉浦忠の昔から、パは好投手が切磋琢磨する場だった。近年では野茂英雄、松坂大輔といった大リーグでも活躍する好投手を輩出した。現在ではダルビッシュ有、岩隈久志、

田中将大、涌井秀章、成瀬善久、渡辺俊介、金子千尋、杉内俊哉、和田毅……と、左右、タイプの異なる好投手が6球団すべてに存在していて、毎日のようにエース対決が見られる。

しかもパ・リーグは指名打者制を採用しているから、みな完投能力がある。私は「チーム優先主義」とよくいうが、それは「チームのために譲る」という意味ではない。エースであれば「チームのためにオレがひとりで投げきる」という決意も必要である。こうした意識の高い投手が多いのも特徴だ。エースはチームの鑑でなくてはならない。これは私の持論だが、彼らはみなチームでは中心的存在で、各自の練習態度を見て、次の投手が育ってくる、という好循環を生んでいる。

その好循環は、③打者の技術向上という相乗効果を生む。好投手が好打者を育て、好打者が好投手を育てるのである。エースを打ち崩す、という個人の打撃技術向上だけではない。チームとして、どうやってダルビッシュを攻略するか、杉内を打ち崩すか、という取り組みにつながる。考え方が取り組み方になる、というが、エース攻略という具体的な目標ほど、チームワークを高める材料になるものだ。

2005年のロッテ、2006年の日本ハム、2008年の西武、2010年のロッテは、いずれも「つながり」で日本一を勝ち取った。一方で、セ・リーグ出身の岡田彰布監督のオリックス、星野仙一監督の楽天は、打線のつながりができずに苦労している。これは決して偶然ではないと私は考えている。中日、阪神監督当時から、能力のある選手を集めて野球をするというスタイルに慣れている両監督は、ベンチと選手が一体となって相手チームを上回るべく努力する、という野球の本質を見失っているようにみえる。

では、パ・リーグは人気面でもセ・リーグを逆転するのか、と聞かれれば、答えはなかなか出ない。野球の質の高さにおいて、現在はパ・リーグのほうがセを上回っているという思いがないではない。しかし、プロ野球は資金力も含んだ総合力の勝負である。観客動員では阪神、巨人は依然として1位、2位をキープしており、黒字球団もセ・リーグ（巨人、阪神、広島など）にしかない。

予告先発、指名打者がないからこそ、セ・リーグは緻密な野球を見直すべき

私が懸念しているのは、本来は緻密な野球を展開していたはずのセが、その特徴を失っ

てしまったことだ。指名打者がなく、投手交代は難しい。だからそれ自体が魅力で、野球の醍醐味を味わわせてくれるはずだったが、投手の項でも述べたような「方程式の誤った運用」などで、「型」にはめすぎて野球をつまらなくしている。駆け引きや読みあい、だましあい、といった野球本来の魅力からかけ離れてしまっている。

力対力、といえば聞こえはいいが、「投げ損ない対打ち損じ」の野球と化してしまっては目も当てられない。好投手が少ないならば、よりいっそう1球ごとに変化する野球の醍醐味をアピールしなければならないのに、それができないチームが増えてしまった。野球をつまらなくしているのは、自分たちなのに、その穴埋めに無用の補強費をつぎ込んでいる。そこにこそ、セ・リーグの危機がある。

メジャー移籍後はしばらく日本球界に復帰できないルールの明文化を

2012年には岩隈久志がFAで大リーグ移籍することが確実視されている。またダルビッシュ有も入札制度(ポスティング)を利用するのではないか、と噂されている。青木宣親、中島裕之、川崎宗則らもメジャー挑戦の希望を持っていると聞く。

日本の野球がどうなってもいいのか、愛国心はないのか、と訴えたところでいまの選手たちには通用しないのかもしれない。しかしこんな状況に手をこまねいていれば、日本プロ野球の魅力はますます失われてゆく。

たとえ観客動員は横ばいでも、一般国民はテレビでペナントレースを見ようとしなくなってしまうのではないか。ワールド・ベースボール・クラシック（ＷＢＣ）が最高の舞台で、国内プロ野球はクライマックスシリーズと日本シリーズがあれば十分、となりはしないか。

なにしろ日本国民には「金メダル」と「短期決戦」が大好きな国民性がある。野球は本来、半年間毎日おこなわれる習慣性と日常性によって、国民的スポーツたりえてきた。しかし短期決戦によって、ペナントレースの意義が薄れてきて、「国民の野球観」がじわじわと変化していくような漠然とした不安が、私の中にある。

こうしたことを踏まえると、選手の海外流出に対して、一定の足かせが必要なのではないかと思う。かといって、ＦＡは選手の権利なのだから、無理に「行くな」と引き留めることはできない。それならば、日本球界へ再び帰ってこようとするときのハードルを高くしたらどうか。

つまり、海外移籍後一定期間（例えば5シーズン）はNPB球団に移籍（出戻り）できないルールを作るのである。行くのならば、腰かけではなく、日本のグラウンドには立たないという強い覚悟を持ってゆけ、と決断を迫るのだ。

私は楽天のキャンプを訪問した際、入団挨拶に来た岩村明憲と松井稼頭央に「どうして今さらノコノコと日本に帰ってきたんや」と、あえて厳しい言葉をかけた。岩村らはムッとしていたが、正直なところ、アメリカで通用しなくなったからといって、安易に帰国して日本の球団でプレーしてほしくなかったのである。

アメリカで通用しなければ、日本へ帰ってくればいいという姿勢では、彼らにこれ以上の向上は望めないと思ったのだ。それでは日本プロ野球を必死に守っている、他の選手に対しても失礼だ。

だから、「行くな」といわないかわりに、簡単に「帰ってきてほしくない」という意思表示をすべきだと考えたのだ。日本プロ野球界全体が、こうした意思をメジャー挑戦しようとする選手に伝えて、覚悟を迫るべきだと強く思う。

また、日本の野球、特に投手力が世界最高の水準にあることは、野茂以降の日本人メジャー投手の健闘で証明されている。近年では日本から帰国した後で、大リーグで活躍するルイス（広島→レンジャーズ）のような投手も増加してきている。そして、まだ完全な世界選手権にはほど遠いとはいえ、WBCでも日本が連覇を果たした。

このような状況をふまえて、やはり日本のコミッショナーは大リーグに対して「真のワールドシリーズ」の開催を強く働きかけるべきだ。真剣勝負ができる環境を整えて対等な関係を維持することで、日本プロ野球が、大リーグの風下に置かれるような状況に陥らないように、しっかりと対策を練っておかなければならない。

実は「真のワールドシリーズ」が、日本シリーズや現行のワールドシリーズのように7試合の短期決戦シリーズであれば、日本球団が勝つチャンスは十分にあると私は考えている。制球力のある日本投手なら、失点を最小限にとどめることは可能だし、機動力を絡めた組織的なバッティングで得点を重ねることもできるだろう。3番手、4番手投手の力が極端に落ちるチームでなければ、やってやれないことはない。

国を守る努力は自らしなければならない。それはプロ野球も同じで、日本の野球を守る努力は日本球界がしなければならない。ポスティングで選手を売った、大リーグ球団からの資金で球団経営を潤すような姿勢で、日本の野球が守れるはずがない。ポスティングは

ＦＡに一本化して、日本に安易に復帰できないルールを作る。そして「真のワールドシリーズ」以外にも方法はあるだろうが、日本プロ野球自身の存在を高める方法を模索する。このふたつを両立させてこそ、日本プロ野球を守れるはずである。

ファンの立場に立った球団運営を

２０１０年秋に、横浜の身売り問題が起きた。東日本大震災は、観客動員減、スポンサーの減少などで、プロ野球界にもじわじわと悪影響を及ぼしてくるだろう。日本社会全体が我慢のしどころだが、プロ野球球団は大半が赤字球団である。横浜以外にも、無念の決断をしなければならない球団が現れても不思議ではない。

視聴率が下がり、放映権収入が減少の一途をたどっているとはいえ、巨人、阪神、中日はセ・リーグの中でも特に基盤が安定しているから、まだまだ問題はない。パ・リーグでも地域密着を推進しているチームは、被災地にある楽天は不安要素が残るとはいえ、生き残っていけるのだろう。

問題なのは横浜、西武のように、テレビ中継も減少の一途をたどり、他球団だけでなく他の娯楽とのあいだで観客動員を食い合っている首都圏球団である。ますます苦しくなってくる。震災の影響で、新たな買い手も探しにくくなって、球団削減となれば、プロ野球そのものが1リーグ制への再編など、危機的状況を迎えてしまうことになる。

そうした大きな動きの前で、球団や現場ができることは限られてくる。もう一度謙虚にメディア露出を進めることだ。よりいっそう、ファンとの距離を縮めなければならない。被災者とキャッチボールをして心を通わせる楽天の選手たちのニュースを見たが、絆やつながりを確かめられる行動を一歩ずつ進めてゆくことだ。

私は野球をプレーするにあたり、「読み」の必要性を口を酸っぱくして説いているが、こと球団経営にあたっては、「ファン心理を読む」ことも必要なのだろうと考えている。

閑古鳥の鳴くパ・リーグも経験したし、身売りが相次ぐパ・リーグもみてきた。それでも地道な努力を進めてきたからこそ、現在のプロ野球がある。どんな経営改革を施しても、ファンの支持と理解がなければ、プロ野球というビジネスは成立していけない。

野球の「価値観」「存在意義」をもう一度考えるべき

２０１１年3月11日、日本を襲った東日本大震災は、この国の社会も経済も文化をも根本からひっくり返してしまう、まさに国難だった。

プロ野球も、開幕が3週間弱延期され、大きなダメージを受けた。また楽天は、本拠地Ｋスタ宮城が被害を受けるなど、直接の被災球団になってしまった。１９９５年の阪神淡路大震災では、神戸に本拠地を置くオリックスが奮起した。今回の楽天が同じような結果を残せるかといえば、震災から開幕までの時間的余裕もかなり違うこともあり、困難な道のりである。

時間をかけて、明るさを取り戻さなければならない。復興までの時間は長くかかるし、継続的な支援が必要なのであれば、なおさら性急に結果を求めるようなことはすべきではない。

私は楽天での4年間で、仙台、宮城、東北の人々の温かさに触れた。大敗していても、ほとんどのファンは試合が終わるまで席を立たず、罵声ではなく励ましの声を多くいただいた。いまだに仙台に行けば「監督に帰ってきてほしい」といわれることもしばしばだ。

ヤジと罵声、閑古鳥の中でプロ野球人生をスタートした私は、東北のファンには感謝の言葉しか浮かんでこない。「温かい応援に、少しでも応えるようなプレーをしよう」と選手に声をかけ続けてきた。東北の人々ののいつも温かく、穏やかな視線を励ますために必要なものは、思うようにならないからとベンチを蹴り上げたり、選手を怒鳴りつけたりする監督の姿ではけっしてないはずだと、私は確信を持っていえる。

震災とそれに伴う原発事故のニュースを見ていると、いかに日本が「専門家」をないがしろにしてきたかがわかる。被災地や原発の最前線で体を張っている専門家に対して、素人の政治家が寄ってたかって声を張り上げて、主導権を握りたがっている。自ら危険な場所に赴くわけでもないのに、防災服を着て、涼しい場所にいるのにネクタイも締めずにクールビズだ、節電だと叫んでみせる。こうしたパフォーマンス重視の政治家たちの陰で、真のプロフェッショナルたちは脇に追いやられる。その結果、後手後手の対応に終始する羽目になり、国民が犠牲になるのである。

プロ野球にも、残念ながら、同じ傾向がないといえない。技術や見た目の華やかさという外面的要素にばかり目を向けて、パフォーマンスとしかみえない行動を取る監督や選手が少なからず存在している。「野球とは?」。この質問に対して、それぞれの立場で自分なりの答えができる球界首脳、球団経営者、監督、選手がどれだけいるだろうか。

野球とは、技術だけでは勝てないものだ。野球とは、心理のスポーツだ。野球とは、失敗のスポーツだ。野球とは、間のスポーツだ。野球とは、勝つためにやるものだ。私は、野球にいろいろな本質があることを知り、それぞれの側面から勝利を最優先に野球理論、野球哲学を積み上げてきた。

国が、専門家をないがしろにしてきたように、プロ野球界も、専門家を作らずにその場その場のムードに流されてここまで来た。プロセスを無視した結果主義である。どうしてこのような事態に至ったのかを振り返ろうとしないから、場当たり的に事態に対処することになる。現在のプロ野球はあまりにも原理原則からかけ離れた場所にある。

節電だから、試合時間を短縮しさえすればいいのか。時には、節電の重苦しさを忘れるほど、時間を忘れて熱中できるほどの試合を演じてもいいではないか。頑張る姿を見せたいから、ただフルスイングすればいいのか。知恵と経験を駆使して相手の隙を突くようなプレーで、野球は頭でするスポーツだとファンに訴えてもいいではないか。「野球に真摯に取り組む」と、球団、選手は口をそろえていう。だが実際に真摯に取り組む、というのは、結果第一主義で割り切れるような、単純なものではないだろう。

仕事と人生とは、常に連動している。国難ともいえる震災禍にさらされた状況だからこそ、人はなんのために生まれてくるのか、と考えなければならない。私は「生きるため」と「存在するため」、つまり価値観、存在感を証明するためだと考えている。

野球人生を送る野球人たちは、何のために野球をするのかを考えてみるべきだ。誰かのために、と考えることが、自らにはね返ってくる。立ち止まり、振り返りつつ前進しなければならない。計画、実行、確認のくり返しである。それなしに人間は成長できないし、野球の未来も開けてこない。未来を作る若い逸材は、プロ野球界にはたくさんいる。彼らが正しい人生観を持って、正しい方向へと努力を重ねてゆけば、きっとプロ野球の未来も明るいものになる。

これが私の見立てである。

—著者略歴—

野村克也（のむら・かつや）

1935年、京都府生まれ。京都府立峰山高校を卒業し、プロ野球南海に入団。以降、ロッテ、西武へと移籍し1980年に引退。現役時代は一貫してキャッチャーとして活躍。1965年に三冠王を獲得したほか、本塁打王９回、打点王７回など獲得タイトルは多数に及ぶ。南海では1970年からプレーイングマネジャーとして監督とキャッチャーを兼務し、1973年にパ・リーグ優勝。1990年にヤクルト監督に就任し、９年間でセ・リーグ優勝４回、日本一３回。1999年から３年間阪神、2006年から４年間楽天を監督として指揮した。また、2002年秋から社会人野球シダックスの監督兼ＧＭにも就任し、2003年都市対抗野球大会準優勝。2010年からは楽天の名誉監督も務めている。

公式ウェブサイト　nomura-katsuya.com

野村の見立て

わたしが見抜いた意外な長所・短所

野村克也 著

2011年7月6日　初版第1刷　発行

発 行 人　保川敏克
発 行 所　東邦出版株式会社
〒151-0051
東京都渋谷区千駄ヶ谷2-33-8
TEL 03-5474-2505
FAX 03-5474-2507
http://www.toho-pub.com
印刷・製本　新灯印刷株式会社
（本文用紙/メヌエットフォルテC　四六Y66kg）